Paul Yonggi Cho
und R. Whitney Manza

GEBET: SCHLÜSSEL ZUR EI

Paul Yonggi Cho
und R. Whitney Manzano

Gebet: Schlüssel zur Erweckung

Vorwort von Wolfram Kopfermann

Projektion J Verlag, Wiesbaden

Wenn mein Volk,
über das mein Name genannt ist, sich demütigt,
daß sie beten und mein Angesicht suchen
und sich von ihren bösen Wegen bekehren, so will ich
vom Himmel her hören
und ihre Sünde vergeben und ihr Land heilen.

2. Chronik 7,14

6. Auflage 1992

Titel der Originalausgabe:
Prayer: Key to revival

ISBN 3-925352-10-4

Übersetzung: Andrea Gleiß
Umschlaggestaltung: Büro für Kommunikationsdesign, Wolfram Heidenreich, Haltern am See
Gesamtherstellung: Schönbach-Druck GmbH, 6106 Erzhausen

INHALT

VORWORT ZUR DEUTSCHEN AUSGABE

Es gibt viele Bücher über das Gebet. Es gibt zahlreiche Schriften über Erweckung. Dieses Buch verknüpft die beiden Themen so, daß das Gebet in seiner Bedeutung für den Beginn und die Aufrechterhaltung einer Erweckung betrachtet wird. Seine Botschaft erreicht die deutsche Christenheit in einer Phase, in der gerade dieser Fragenkreis zunehmend mehr Menschen beschäftigt.

Der Autor, Pastor Paul Yonggi Cho (Jahrgang 1936), ist Leiter der (statistisch gesehen) größten Kirchengemeinde der Welt, der Full Gospel Central Church in Seoul, Südkorea, mit zur Zeit über 500 000 Mitgliedern. In seiner Person verbindet er ein weites Spektrum von Eigenschaften: Er besitzt eine seltene missionarische Leidenschaft, verfügt über eine ausgeprägte organisatorische Begabung, rechnet in beispielhafter Weise mit den neutestamentlich bezeugten Wirkungen des Geistes und versteht es, aufgrund einer guten Einfühlungsgabe in menschliche Grundbedürfnisse, seiner Gemeinde erkannte Arbeitsziele so zu vermitteln, daß sie über Jahre hin kontinuierlich realisiert werden. Dahinter könnte der staunende (oder verärgerte, je nachdem) Betrachter eines leicht vergessen: dieser koreanische Kirchenführer ist ein erfahrener Beter. Was in den armseligen Anfangsjahren seines Predigtdienstes einzige Kraft- und Hoffnungsquelle war, ist es bis heute geblieben.

Yonggi Cho ist allerdings undenkbar ohne den Hintergrund der gesamten Kirche in Korea. Noch am Ende des 2. Weltkrieges war sie zahlenmäßig klein: damals gab es erst etwa 300 000 Christen in jenem Land. Bis 1975 hat sich die Zahl alle zehn Jahre verdoppelt: 1955 gab es etwa 600 000, 1965 etwa 1 200 000, 1975 etwa 2 400 000 Christusgläubige. Aus einer Gallup-Umfrage von 1982 geht hervor, daß damals bereits 20 Prozent der Gesamtbevölkerung von Südkorea Christen waren (darunter vier Prozent Katholiken). Billy Graham spricht für viele: »Die Ausbreitung des christlichen Glaubens in Korea während der vergangenen 100 Jahre ist eine der bemerkenswertesten und inspirierendsten Geschichten innerhalb der Kirchengeschichte.« Ähnlich urteilt der kalifornische Gemeindewachstumsexperte C. Peter Wagner: »Das eindrucksvolle Wachstum der koreanischen Kirche hat Christen auf allen sechs Kontinenten inspiriert und ermutigt.«

Der Hauptgrund für dieses außergewöhnliche Wachstum scheint in dem Nachdruck zu bestehen, der in Korea auf das Gebet gelegt wird. Es ist üblich, sich in den frühen Morgenstunden zum Gebet zu treffen; Gebetszusammenkünfte durchzuführen, die die ganze Nacht dauern; sich auf sogenannten Gebetsbergen mehrere Tage lang zum Fasten und Beten einzufinden. In allen tiefen Bergtälern entdeckt man Gebetshäuser, in denen Menschen bis zu 40 Tagen beten und fasten. Yonggi Cho steht also insofern mit seiner Botschaft von der Notwendigkeit eines brennenden und zugleich geordneten Gebetslebens in seiner Nation keinesfalls allein.

Bücher zu kirchlichen Themen, deren Erfahrungshintergrund in uns fremden Kulturen liegt, werden in Deutschland leicht abgetan: Was dort möglich sei, müsse es bei uns noch lange nicht sein. Das Lebensgefühl der Europäer sei anders. Wer etwa die Mentalität der Asiaten kenne, der wisse ja ... Ich nehme solche Erwiderungen nicht mehr allzu ernst. Die Gretchenfrage ist doch, ob wir aufgrund desselben Evangeliums an denselben Gott glauben. Wird die Frage verneint, so ist das Gespräch sowieso zu Ende. Bejaht man sie aber, so bleiben nur zwei Möglichkeiten: entweder will Gott der Kirche in unserem Land nicht geben, was er anderswo (z. B. in Korea) seit vielen Jahren geschenkt hat, oder wir haben nicht so gebetet, wie es nötig gewesen wäre (»Ihr habt nicht, darum daß ihr nicht bittet«, Jakobus 4,2). Ich bin aus mehr als einem Grunde von der zweiten Möglichkeit überzeugt: Wir brauchen eine neue *Qualität* des Gebetes in Deutschland, die Gott mit Erweckung beantworten wird. Glücklicherweise hat eine selbstkritischere Phase der Christen unseres Landes erkennbar begonnen. Wer von uns wirklich ein nationales geistliches Erwachen möchte, ist dankbar für jede ermutigende Hilfe.

Ich empfehle Chos Buch allen, die hierzulande nach Erweckung dürsten. Niemand muß die Dinge auf dieselbe Weise handhaben, wie es in diesem Buch beschrieben wird. Anregungen sind keine Vorschriften. Die Hauptsache ist, wir gehen an die Arbeit. Gebet *ist* Arbeit, wie die Erfahrung lehrt. Aber Gottes Erweckung wird entweder im Gebet der Gläubigen geboren oder sie kommt nicht zur Welt.

Wolfram Kopfermann
Pastor an der Hauptkirche St. Petri, Hamburg

VORWORT DES VERFASSERS

Während ich dieses Buch schreibe, wächst meine Gemeinde monatlich etwa um zwölftausend Menschen. Es sind Menschen, die aus Buddhismus, Säkularismus und nominellem Christentum gerettet werden. Niemand kann bestreiten, daß diese beispiellose Wachstumsrate der Gemeinde dem Feuer der Erweckung zu verdanken ist, das sich in unserer Zeit in Korea ausbreitet.

Die Mitgliederzahl unserer Gemeinde beträgt gegenwärtig fast 400 000. Gegen Ende des Jahres 1984 werden wir, wenn wir bei unserer jetzigen Wachstumsrate bleiben, mehr als 500 000 aktive Mitglieder haben.

Wie kann eine Gemeinde so groß werden?

Können auch andere Länder eine entsprechende Erweckung erleben?

Ich bin davon überzeugt, daß Erweckung überall dort möglich ist, wo sich Menschen dem Gebet hingeben.

Weil ich an Erweckung und Erneuerung glaube, habe ich dieses Buch geschrieben. Es ist eine historische Wahrheit, daß das Gebet der Schlüssel zu jeder Erweckung in der Geschichte der Christenheit war.

Lukas schreibt von der Zeit, bevor die Kirche am Pfingsttag geboren wurde: Die Jünger »waren allezeit im Tempel und priesen Gott« (Lk. 24,53). Lukas beschreibt noch ausführlicher, was die Jünger taten: »Diese alle waren stets beieinander einmütig im Gebet . . .« (Apg. 1,14). Während die Jünger sich ganz dem Gebet hingaben, fiel der Heilige Geist auf sie herab. So wurde die Kirche geboren.

Vor dem Zeitabschnitt der Mission offenbarte der Heilige Geist den Gemeindeleitern, die in Antiochia versammelt waren, daß sie Barnabas und Saulus aussenden sollten. Der Heilige Geist sprach jedoch erst, nachdem sie gefastet und gebetet hatten.

Martin Luther war mit der kirchlichen Situation seiner Zeit nicht zufrieden. Während er Theologieprofessor an der Universität zu Wittenberg war, veranlaßte ihn sein tiefes Verlangen nach persönlicher Frömmigkeit, viel Zeit im Gebet zu verbringen. Im Winter 1512 schloß er sich in ein

Turmzimmer des Klosters in Wittenberg ein und betete über den Aussagen, die er in der Bibel entdeckt hatte. Aus dieser Zeit des Gebets und Bibelstudiums heraus wurde die Reformation geboren. Sie brachte uns die biblische Wahrheit der Rechtfertigung aus dem Glauben. Der Mensch konnte sich seine Erlösung nicht mehr selbst durch Werke verdienen, sondern die Erlösung war Gottes Gabe durch den Glauben.

Als das Feuer der Erweckung, das sich in ganz Europa ausgebreitet hatte, wieder zu erlöschen begann, kam die Zeit der Aufklärung. Diese neue Bewegung, die in der Kunst begann und sich in Europa auf jeden gesellschaftlichen Bereich ausdehnte, war eine Erweckung der heidnischen Vorstellung des einzigartigen Wertes des Menschen. Die Vernunft wurde zum Mittel, mit dem Wahrheit und Wirklichkeit beurteilt wurden; der Glaube erschien unwichtig. Ein neues Wirken des Heiligen Geistes war nötig.

John Wesley, der Sohn eines anglikanischen Geistlichen aus Epworth, fand sich mit dem Zustand der »Church of England« nicht ab. Er war tief betroffen von dem großen Elend der Armen, die in die Städte geströmt waren und dort unter schrecklichen Bedingungen lebten. Am Abend des 24. März 1738, um Viertel vor neun, während Wesley der Lesung von Luthers Vorwort zum Römerbrief zuhörte, erlebte er eine echte Bekehrung. Er wurde wiedergeboren. Dies führte dazu, daß John, sein Bruder Charles und George Whitfield viel Zeit mit Gebet und Fasten zubrachten. Als die »Church of England« ihrem Dienst die Tür verschloß, begannen sie, der breiten Masse des Volkes zu predigen — nicht nur in England, sondern auch in Amerika. Tausende versammelten sich, um der vollmächtigen Predigt des Wortes Gottes zuzuhören. Dies war die Geburt der weltweiten methodistischen Erweckung.

Im 19. Jahrhundert schwenkte die protestantische Kirche erneut von dem Kurs ab, den die ersten Reformatoren gesetzt hatten, und versank in der sogenannten »kritischen Theologie«. Als Folge davon verließen die Menschen die traditionellen Kirchen, nicht um sich anderen Gruppen anzuschließen, sondern um einfach zu Hause zu bleiben. Gegen Ende des Jahrhunderts berief Gott Männer wie Charles Finney, Dwight L. Moody und R. A. Torrey. Diese Männer predigten unter der Salbung des Heiligen Geistes: Beständiges Beten und Fasten trieb sie vorwärts.

Das geistliche Klima verbesserte sich erneut, als das 20. Jahrhundert anbrach. 1905 fiel der Heilige Geist auf einige Gläubige in Los Angeles in Kalifornien. Methodisten und Anhänger der Heiligungsbewegung hatten gefastet und für Erweckung gebetet, als der Heilige Geist auf sie herabfiel, so wie es im zweiten Kapitel der Apostelgeschichte beschrieben wird. Der Heilige Geist gab denen, die versammelt waren, die Gabe des Sprachengebets. Die Erweckung, die später Pfingstbewegung genannt wurde, breitete sich auf der ganzen Welt aus.

Nun befinden wir uns in der zweiten Hälfte des 20. Jahrhunderts. Viele Pfingstler und Charismatiker (Mitglieder oder ehemalige Mitglieder traditioneller Kirchen, die die Gabe des Sprachengebets haben) leiden in gleicher Weise unter dem Säkularismus, der sich in weite Teile der Kirche eingeschlichen hat. Was die Kirche heute braucht, ist eine neue Ausgießung des Heiligen Geistes. Wodurch wird die Erweckung kommen, die die Welt noch vom Rand der völligen Zerstörung und Vernichtung zurückhalten kann? Die Antwort darauf ist ein neuer Aufruf zum Gebet.

Zu keiner Zeit der Geschichte der modernen Welt hat es jemals einen so starken Einfluß satanischer Kräfte gegeben wie heute. Die Hölle speit aus ihrem Innersten ihre Greuel aus: Mord, Vergewaltigung, Pornographie, Gesetzlosigkeit und so weiter. So wie die Predigt der Wesley-Brüder England im 18. Jahrhundert davor bewahrt hat, der Französischen Revolution zu folgen, so könnte eine neue Erweckung die sozialen und politischen Veränderungen herbeiführen, die nötig sind, um uns vor einer weltweiten Zerstörung und Katastrophe zu bewahren.

Deshalb ist dieses Buch für Sie und für die Menschen, mit denen Sie zu tun haben, wichtig. Da Sie angefangen haben, es zu lesen, nehme ich an, daß bei Ihnen Interesse am Gebet besteht.

Ich bin überzeugt davon, daß der Heilige Geist Sie aus einem ganz bestimmten Grund zu diesem Buch geführt hat: weil Sie bereits wissen, daß Sie beten müssen. Ich möchte aus meinem persönlichen Leben und Dienst berichten, weil es mein Wunsch ist, Sie zum Beten zu motivieren.

Ich möchte, daß Sie Klarheit darüber gewinnen, *warum, wie* und *wann* Sie beten sollten. Um dies zu verstehen, muß man sehen, daß es sehr viele verschiedene Arten des Gebets gibt.

Welche Verbindung besteht zwischen Beten und Fasten? Warum verstärkt Fasten die Wirkung des Gebets? Ist es wichtig, in einer uns unverständlichen Sprache zu beten? Diese und viele andere Fragen werden in diesem Buch besprochen.

Ich bin davon überzeugt, daß das Lesen dieses Buches Ihr Leben verändern wird. Ihre Gebete werden mehr Kraft bekommen! In Ihrem Leben wird ein Wendepunkt zu erkennen sein! Ihr Dienst wird mehr Frucht bringen!

Ich gehe von einer ganz einfachen Voraussetzung aus. Sie heißt: Gott hat keine Lieblingskinder. Was sich in meinem Leben als wahr erwiesen hat, wird sich auch für Sie als wahr erweisen. Was Männern wie Luther, Wesley, Finney und Moody Kraft gegeben hat, kann auch Ihnen Kraft geben. Es ist ganz gleich, ob Sie Pastor oder Hausfrau sind. Ihre Ausbildung und Ihre Lebenssituation sind unwichtig, wenn es um das Gebet geht. Wenn Gott in der Vergangenheit Menschen für seine Pläne eingesetzt hat, dann kann er auch durch Sie wirken.

Eine der größten Lügen Satans ist, daß wir einfach nicht genug Zeit zum Beten haben. Wir haben jedoch alle genug Zeit zum Schlafen, Essen und Atmen. Sobald wir erkennen, daß Beten genauso wichtig ist wie Schlafen, Essen und Atmen, werden wir erstaunt sein, wieviel mehr Zeit uns zum Beten zur Verfügung steht.

Wenn Sie dieses Buch lesen, nehmen Sie sich bitte Zeit, über jedem Kapitel zu beten. Der Inhalt der folgenden Seiten ist mehr als nur Information. Was ich Ihnen weitergeben möchte, gründet sich auf 27 Jahre eigener Erfahrung, in denen ich erlebt habe, wie das Gebet konkrete und präzise Ergebnisse hervorbringt.

Ich vertraue vollkommen dem Heiligen Geist, der Sie dazu bewegt hat, dieses Buch in die Hand zu nehmen. So möchte ich Sie nun einfach bitten, betend weiterzulesen.

EINLEITUNG: EIN LEBEN DES GEBETS

Der Weg, auf dem das Christentum nach Korea kam, ist bemerkenswert. Durch Gottes Führung waren die Missionsbemühungen nicht mit imperialistischem Machtstreben verbunden; das Evangelium wurde vielmehr von zwei Gott hingegebenen amerikanischen Missionaren gebracht. Sehr oft hat die Art und Weise, wie etwas anfängt, sichtbaren Einfluß auf die spätere Entwicklung. Dies trifft auch für den Beginn des Christentums in Korea zu.

Die Unterzeichnung eines Abkommens zwischen Korea und den Vereinigten Staaten im Jahre 1882 bedeutete eine neue »offene Tür« für missionarische Tätigkeit, die die Kirchen in Amerika freudig wahrnahmen. Das »Northern Presbyterian Board« versetzte 1884 Dr. H. N. Allen von China nach Korea. 1885 wurden der presbyterianische Pastor Horace G. Underwood und der methodistische Pastor H. G. Appenzeller von den Vereinigten Staaten aus als die ersten Missionare nach Korea ausgesandt. Der Einfluß, den diese beiden Männer auf die zukünftige Entwicklung des Christentums in Korea hatten, war enorm.

Von Anfang an waren die koreanischen Gemeinden nationale Gemeinden in dem Sinne, daß sie von koreanischen Pastoren geleitet wurden. Dr. Underwood beschrieb den Erfolg dieses Unternehmens: »Schon sehr früh in der Geschichte des Werkes, fast von Anfang an, hat Gott uns in seiner Vorhersehung dazu geführt, bestimmte Methoden zu verwenden, die von manchen als einzigartig angesehen wurden. In Wirklichkeit jedoch sind es Methoden, die auch von vielen anderen Missionaren in verschiedenen Teilen der Welt angewandt werden. Das Einzigartige unserer Situation war nur die fast völlige Einigkeit, mit der alle Missionsgesellschaften in diesem Land jener Methode folgten.«[1]

Eines der wichtigsten Elemente unserer ersten Gemeinde war, daß sich die Mitglieder jeden Morgen zum Gebet versammelten. 1906 brach eine Erweckung aus. In der presbyterianischen Kirche in Pyongyang, der jetzigen Hauptstadt von Nordkorea, hatten sich die Gläubigen versammelt.

---

1 Underwood, Lillias. UNDERWOOD OF KOREA (Fleming H. Revell, New York, 1918), S. 5.

Während sie beteten, fiel der Heilige Geist auf sie, und sie begannen, ihre Sünden zu bekennen. Als Folge davon bekehrten sich viele Menschen in allen Teilen des Landes, während der Geist des Gebets anhielt.

Als ich 1958 meinen Dienst als Pastor begann, zog ich nach Dae Jo Dong, einer armen Gegend außerhalb Seouls. Dort baute ich ein gebrauchtes US-Army-Zelt auf und begann zu predigen. Ich erinnere mich noch sehr gut daran. Ich lebte praktisch in dem Zelt, die Nächte verbrachte ich dort im Gebet. Im Winter, wo es hier in Korea sehr kalt wird, wickelte ich mich in Decken ein, legte mich neben meine Kanzel und betete viele Stunden. Es dauerte nicht lange, da schlossen sich mir andere Mitglieder meiner kleinen Gemeinde an. Nach kurzer Zeit schon versammelten sich mehr als fünfzig Menschen, um ganze Nächte im Gebet zu verbringen. So begann ich meinen Dienst.

In jener Zeit, als meine Arbeit Gestalt annahm, lernte ich den Dienst der Fürbitte kennen. Ich will später noch ausführlich auf diesen besonderen Gebetsdienst eingehen. Doch ist es auch jetzt schon wichtig zu verstehen, daß meine Fürbitte als erstes meiner Gemeinde galt, dann meinem Land. Das Gebet für mich selbst stand an letzter Stelle.

Wir haben nicht nur gelernt zu beten, sondern wir haben gelernt, wie wir ein Leben des Gebets führen können. Jesus hat uns geboten, ohne Unterlaß zu beten. Dem, der nicht an Erweckung interessiert ist, ist dies unmöglich. Wenn Ihr Herz jedoch danach hungert, daß Seelen gerettet werden und sich Ihr Land Gott zuwendet, dann ist ein Leben des Gebets ein Muß.

Sowohl in unserer Gemeinde als auch in den meisten anderen Gemeinden in Korea treffen wir uns morgens früh um fünf Uhr zum Gebet. Wir beten täglich ein oder zwei Stunden. Nach der Gebetszeit gehen wir den üblichen Aufgaben des Tages nach. Da das Wichtigste in unserem Leben das Gebet ist, haben wir gelernt, uns abends früh zurückzuziehen. Freitags verbringen wir die ganze Nacht im Gebet. Viele Besucher sind überrascht, wenn sie sehen, daß in diesen Gebetsnächten die Kirche bis auf den letzten Platz besetzt ist.

Sonntags verbringen wir vor jedem unserer sieben Gottesdienste Zeit im Gebet. Ich bin schockiert, wenn ich in Gemeinden komme, wo vor dem Sonntagsgottesdienst ein geselliges Beisammensein stattfindet. Es kann viel mehr geschehen, wenn jeder in einer Haltung des Gebets zur Kirche kommt und vor dem Gottesdienst still betet. Weil dies bei uns üblich ist, erfahren wir die heilige und mächtige Gegenwart Gottes in unseren Gottesdiensten. Sünder werden vom Heiligen Geist überführt, noch bevor ich aufstehe und das Evangelium predige. Durch den Geist des Gebets unter uns werden die Herzen der Christen geöffnet, so daß sie die Wahrheit des Wortes Gottes empfangen können.

Während unserer Sonntagsgottesdienste beten die Gläubigen zusammen. Wenn Tausende von koreanischen Christen zusammen beten, so klingt dies in meinen Ohren wie das donnernde Dröhnen eines mächtigen Wasserfalls. »Und ich hörte eine Stimme vom Himmel wie die eines mächtigen Wassers und eines großen Donners ...« (Offb. 14,2).

Gastprediger, die von meiner Kanzel predigen, sind beeindruckt von der Kraft des Heiligen Geistes, die sie in unseren Gottesdiensten spüren. Ein amerikanischer Pastor sagte mir: »Dr. Cho, Gott ist hier. Ich kann seine Gegenwart spüren.« Er fing an zu weinen und sagte, er habe nie zuvor in einem solchen Ausmaß die Gegenwart des Heiligen Geistes erfahren.

Der Berg, der jetzt der Gebetsberg ist, wurde ursprünglich gekauft, um einen kirchlichen Friedhof daraus zu machen. Doch während der Zeit, als unsere jetzige Kirche auf der Yoido Insel gebaut wurde, einer Zeit großer Prüfungen, gingen immer mehr Menschen auf den Berg, um dort zu fasten und zu beten. Heute ist der Berg eine »Stadt des Gebets« mit einer großen Halle, die mehr als zehntausend Sitzplätze faßt. Daneben gibt es noch mehrere andere Gebetskapellen. Am Hang des Gebetsbergs befinden sich sogenannte »Gebetsgrotten«. Sie sind in den Berg hineingegraben und stehen Menschen zur Verfügung, die in völliger Abgeschiedenheit beten wollen. Ich habe meine eigene Gebetsgrotte, die ich oft benutze. Viele der Probleme, denen ich in unserer Gemeinde gegenüberstehe, sind in meiner Gebetszelle auf dem Gebetsberg gelöst worden.

Es ist schon vorgekommen, daß zwanzigtausend Menschen auf einmal auf dem Gebetsberg waren, um dort zu fasten und zu beten. Normalerweise sind es jedoch während der Woche dreitausend und am Wochenende zehntausend.

Warum kommen so viele Menschen auf den Gebetsberg, um dort zu fasten und zu beten? Wissen die Christen in unserem Land mit ihrer Zeit nichts Besseres anzufangen? Meine Antwort auf diese Fragen ist einfach und direkt.

Wenn Sie oder ein Angehöriger Ihrer Familie Krebs hätten, wenn Sie wüßten, Sie müßten sterben, und dann erführen, daß es ein Heilmittel gäbe, würden Sie dann nicht alles einsetzen, um geheilt zu werden? Viele Menschen sind sowohl körperlich als auch geistlich an Krebs erkrankt. Der materielle Wohlstand hat uns nicht das Glück und die Erfüllung gebracht, die wir von ihm erhofften — Heilung ist die Antwort auf körperliche und geistliche Probleme. Wir haben entdeckt, daß in dieser Gebetsstadt, die vollkommen dem Gebet und dem Fasten gewidmet ist, die Probleme der Menschen gelöst werden. Dies ist der Grund, warum die Menschen dort hinkommen.

Die geistlichen Wurzeln des Christentums in Korea gehen auf Amerika zurück. Die Amerikaner befreiten uns von der japanischen Unterdrückung, und sie beschützten uns vor einer Invasion aus dem kommunistischen Norden. Tausende von koreanischen Christen gehen darum auf den Gebetsberg, um für die vielen tausend Gebetsanliegen zu beten, die uns von unserem Büro in New York weitergegeben werden. Menschen, die in den Vereinigten Staaten oder in anderen Ländern unser Fernsehprogramm sehen können uns schreiben: Dr. Paul Y. Cho, Yoida Full Gospel Church, Yoida, PO Box 7, Seoul 150, Korea. Unser Büro gibt uns so schnell wie möglich die eingegangenen Gebetsanliegen durch. Ich selbst bete für so viele dieser Anliegen, wie ich kann, auf jeden Fall für die schwerwiegendsten. Wenn sie meinen Schreibtisch verlassen haben, werden sie auf unser Podium gebracht und an eine besondere Stelle neben der Kanzel gelegt. Sonntags beten dann mehr als dreihunderttausend Menschen für diese Anliegen. Danach werden sie ins Koreanische übersetzt und auf den Gebetsberg gebracht. Dort bekommen erfahrene »Gebetskämpfer« einzelne Bitten zugewiesen, und sie fasten und beten so lange, bis sie das Zeugnis des Heiligen Geistes haben, daß ihr Gebet beantwortet ist.

Eine Frau aus Houston in Texas schrieb mir: »Sie wissen nicht, wie sehr Sie uns helfen. Es ist wunderbar, sich auf den Glauben stützen zu können, den Gott Ihnen gegeben hat. Wenn ich meine Gebetsanliegen aufschreibe, muß ich immer weinen, wenn ich daran denke, daß Gott Ihnen eine solch große Last für Amerika aufs Herz gelegt hat. Bitte beten Sie weiter für uns.« Eine andere Frau schrieb mir, sie habe genau gewußt, zu welcher Zeit wir für sie gebetet hatten. »Die Heilung geschah, als mein Gebetspartner in Korea mit meinem Anliegen Gottes Thron berührte.« Die Zeugnisse sind zu zahlreich, um sie hier aufführen zu können. Die Frucht der Fürbitte auf dem Gebetsberg wird erst in der Ewigkeit sichtbar werden.

Es fällt mir nicht leicht, von meinem persönlichen Gebetsleben zu erzählen. Normalerweise spreche ich nicht davon; es ist eine Sache zwischen meinem Herrn und mir. Doch um Sie in Ihrem Beten zu ermutigen, will ich von meinem eigenen Gebetsleben erzählen.

Ich stehe normalerweise morgens zwischen halb fünf und fünf Uhr auf. Als ich noch unsere morgendliche Gebetsversammlung in der Kirche leitete, stand ich natürlich noch früher auf. Da jedoch viele meiner Mitpastoren es gar nicht abwarten können, bis sie wieder an der Reihe sind, unser Morgengebet zu leiten, kann ich normalerweise in den frühen Morgenstunden zu Hause bleiben.

Ich beginne meine persönliche Gebetszeit damit, daß ich den Herrn preise und ihm für alles danke, was er mir bedeutet. Ich preise ihn auch für alles, was er für meine Familie tut. Es gibt so viel, wofür ich ihn preisen kann, daß allein das Danken und Loben schon einen großen Teil der Zeit einnehmen.

Dann beginne ich mit der Fürbitte. Ich bete für unseren Präsidenten und die Regierung. Ich bete für unsere Nation, daß der Engel des Herrn uns vor den satanischen Kräften beschützt, die unser Land zerstören wollen. Ich denke an meine Mitarbeiter im Werk des Herrn. Ich bete für unsere Missionsprogramme, besonders die in Japan und in den Vereinigten Staaten. Dann bringe ich meine Frau und unsere drei Söhne im Gebet vor den Herrn. Ehe ich mich versehe, ist ein großer Teil meiner Gebetszeit schon vorüber.

Da ich nicht immer die Nöte der Menschen kenne, für die ich bete, muß ich der Führung des Heiligen Geistes vertrauen. Darum verbringe ich einen großen Teil meiner Gebetszeit damit, in meiner geistlichen Gebetssprache zu beten. Der Heilige Geist kennt Gottes Gedanken und seinen Willen für jeden Menschen und jede Situation. Wenn ich im Heiligen Geist bete, dann weiß ich, daß ich in vollkommener Übereinstimmung mit Gottes Willen bete.

Ohne daß ich es merke, ist eine Stunde vorbei. Wenn ich gebetet habe, bin ich für alle Herausforderungen und Möglichkeiten des Tages ausgerüstet. Da ich Pastor einer Gemeinde mit mehr als 370 000 Mitgliedern bin und gleichzeitig noch einen ausgedehnten internationalen Dienst habe, bin ich nicht in der Lage, alle meine Aufgaben zu erfüllen, ohne nicht mindestens jeden Morgen eine Stunde gebetet zu haben.

Wenn ich aufstehen und den Tag anfangen müßte, ohne vorher mindestens eine Stunde zu beten, dann müßte ich mich auf meine eigenen Kräfte verlassen. Wenn ich jedoch Zeit im Gebet verbracht habe, kann ich darauf vertrauen, daß mir die unbegrenzten Kräfte Gottes zur Verfügung stehen.

Im Laufe eines Tages stehe ich normalerweise vielen Problemen gegenüber. Bevor ich irgend etwas tue oder sage, bete ich. So kann ich »agieren«, anstatt nur zu »reagieren«. Wenn ich Christi Leben betrachte, so sehe ich, daß er immer agierte und niemals reagierte. Zu reagieren bedeutet, eine Situation von Menschen oder Umständen bestimmen zu lassen. Zu agieren bedeutet, die Umstände um einen herum in der Hand zu haben. Selbst als Pilatus, der römische Statthalter, Jesus verurteilte, war dieser noch Herr der Lage.

Um nicht zu reagieren, ist es wichtig, in jeder Situation, mit der ich konfrontiert werde, zu erkennen, was Gottes Gedanken sind. Da ich mein Leben im Gebet führe, weiß ich, daß ich Christi Gedanken und Geist in mir habe. Wenn ich dann eine Entscheidung treffe, weiß ich, daß sie Gottes Willen entspricht.

Am Nachmittag ziehe ich mich zurück, um mit meinem Herrn und Heiland, Jesus Christus, allein zu sein und mit ihm Gemeinschaft zu haben. In letzter Zeit scheint es, als würde er mich mehr als sonst aus Aktivitäten herausziehen. Er möchte mehr Zeit mit mir allein verbringen. Wenn ich sein Verlangen stille, wird er mir genug Zeit geben, um all die Aufgaben, die ich als Pastor der größten Gemeinde der Welt habe, zu erfüllen. Dessen bin ich gewiß. Manchmal höre ich Jesu Ruf mitten am Tag; dann muß ich ihm antworten. Ich weiß nie, wann er mich herausruft, fort aus dem Dienst an seinem Volk, hin zu ihm, um ihm zu dienen. Aber ich habe klare Prioritäten gesetzt: Dem Herrn zu dienen ist noch wichtiger als seinem Volk zu dienen.

Bevor ich auf die Kanzel gehe, um zu predigen, muß ich mindestens noch zwei weitere Stunden im Gebet verbringen. Wenn ich nach Japan reise, um dort zu predigen (einmal monatlich), muß ich mindestens drei bis fünf Stunden vorher beten. Da ich auf Japanisch predige, ist mir der gewaltige geistliche Widerstand sehr bewußt, der verhindert hat, daß es in Japan eine Erweckung gibt. Viele wissen nicht, daß Japan noch nie eine Erweckung erlebt hat. Von den 120 Millionen Japanern sind im ganzen Land nur ein paar hunderttausend Christen. Um die geistlichen Mächte zu binden und mein Herz für den Dienst am Wort vorzubereiten, brauche ich diese lange Gebetszeit. Dadurch, daß ich ein Leben des Gebets führe, kann ich nicht so viel Zeit in Gemeinschaft mit anderen Christen verbringen, obwohl dies sicherlich schön wäre. Ich muß jedoch meine Berufung als Diener Christi erfüllen. Um darin treu zu sein, muß ich ein Leben des Gebets führen.

Wenn ich in Amerika predige, stehe ich nicht demselben Widerstand gegenüber wie in Japan. Darum kann ich es mir leisten, nur zwei Stunden vor der Predigt zu beten. In Europa verbringe ich zwei bis drei Stunden vorher in konzentriertem Gebet.

Immer wieder fragen mich Pastoren und Evangelisten, wie sie in ihren Gemeinden dasselbe Wachstum erfahren können, wie es bei uns üblich ist. Nach dem Gottesdienst jedoch gehen sie noch aus, um zu essen, und verbringen viele Stunden in Gemeinschaft miteinander. Am nächsten Morgen sind sie dann zu müde, um zu beten. Nachdem ich das beschriebene Verhalten viele Jahre lang auf der ganzen Welt beobachtet hatte, entschloß ich mich, dieses Buch zu schreiben. Ich hoffe, daß Menschen Gottes Erweckung so ernst nehmen werden, daß sie auch ihr Gebetsleben ernst nehmen.

In der »Yoido Full Gospel Church« in Seoul lehren wir die Menschen, die sich neu bekehrt haben, die Bedeutung des Gebets. Sie würden jedoch nicht beten, wenn ich nicht beten würde. Da die meisten Menschen, die sich bei uns bekehren, durch die 20 000 Zellgruppen zu Christus kommen, können wir ihnen ganz persönlich die ungeheure Wichtigkeit des Gebets nahebringen.

Vor vielen Jahren habe ich mir bewußt gemacht, daß wir die Erweckung, die wir jetzt in Korea erleben, nicht als selbstverständlich hinnehmen können. Ich habe die Kirchengeschichte studiert und erkannt, daß man nicht nur beten muß, damit eine Erweckung beginnt, sondern daß man auch beten muß, damit sie beständig bleibt. In den Erweckungen, die die westliche Welt erlebt hat, haben die Menschen nach einigen Jahren die Erweckung einfach als selbstverständlich hingenommen. Dies geschah, weil sie vergaßen, was die Erweckung ins Leben gerufen hatte, nämlich das Gebet. Wenn erst einmal das beständige und inbrünstige Gebet vergessen ist, dann hat die Erweckung ihren Antrieb verloren; was übrig bleibt, ist nur noch der Schwung aus der Vergangenheit. Ebenso wie ein Auto noch einige Zeit weiterrollt, wenn man den Fuß vom Gaspedal nimmt, so kann auch eine Erweckung weiterlaufen, obwohl der eigentliche »Antrieb« fehlt. Da jedoch der Schwung des Autos kein beständiges Fahren ermöglicht, bleibt der Wagen schließlich stehen.

Wenn der Heilige Geist als Antwort auf Gebet eine Erweckung bewirkt, dann muß, um eine andauernde Erweckung zu erfahren, der Antrieb der Erweckung erhalten bleiben. Sobald das Gebet vergessen wird, ist die Ursache der Bewegung nicht mehr der Antrieb, sondern nur noch der Schwung. Schließlich wird Gottes besonderes Wirken enden, weil der Schwung aus der Vergangenheit zu Ende ist.

In unserer Gemeinde haben wir uns dem Ziel hingegeben, bis zum zweiten Kommen Jesu Christi Erweckung und Gemeindewachstum zu erfahren!

1982 führten wir 110 000 Menschen zu Christus. Von diesen Neubekehrten schlossen sich nur 60 000 unserer Gemeinde an. So sorgten wir dafür, daß andere evangelikale Gemeinden insgesamt 50 000 neue Mitglieder bekamen.

1983 erlebten wir, daß sich 130 000 Menschen bekehrten. Warum werden durch eine einzige Gemeinde so viele Menschen bekehrt? Wir haben erkannt, wie wichtig es ist, ein Leben des Gebets zu entwickeln und beizubehalten. Wenn wir aufhören zu beten, wird die Erweckung verebben. Wenn wir weiterbeten, so glaube ich, kann ganz Korea gerettet werden.

Ich glaube, daß Sie in Ihrer Gemeinde eine ähnliche Erweckung erleben können. Es gibt kein Land, das für das Wirken des Heiligen Geistes zu hart wäre. Es gibt keine Gemeinde, die zu tot wäre. Es gibt kein Land, dessen Grenzen für das Evangelium undurchdringlich wären. Die Antwort ist Gebet!

Teil I

Motivation zum Beten

Kapitel 1

Was Gebet bewirkt

Gebet setzt Kraft frei

Gott hat uns so geschaffen, daß wir erst den Zweck und den Nutzen einer Sache verstehen müssen, bevor wir motiviert sind, uns dafür einzusetzen. Wir mögen uns gegen diese Tatsache wehren, aber wir können uns nicht so leicht ändern. Wenn wir wirklich den Nutzen des Gebets schon erkannt hätten, dann würden wir bereits viel mehr beten.

Motivation ist eng an unsere Wünsche, an unser Verlangen geknüpft. Um zu beten, muß man ein Verlangen nach Gebet entwickeln. Um so zu beten, wie die Bibel es lehrt, muß dieses Verlangen sehr groß sein.

Wie können Sie ein großes Verlangen nach Gebet entwickeln? Sie müssen erkennen, welchen Gewinn das Gebet sowohl für die Ewigkeit als auch für unser jetziges Leben bringt.

Wenn wir die Bibel aufschlagen, so finden wir dort machtvolle Gebete. In Mose sehen wir einen Mann, dessen Gebete voller Kraft waren. Nicht nur zu Gottes Feinden, sondern auch zu Gottes Volk konnte er mit Vollmacht sprechen. Er betete, und die Plagen kamen nach Ägypten. Er betete, und das Rote Meer wich vor Israel zurück. Wie kam Mose zu dieser Kraft im Gebet? Mose führte ein Leben des Gebets.

Josua erlebte, wie Gott mit seiner starken Hand durch seinen Dienst wirkte. Er kannte den Willen Gottes und dessen Strategie im Kampf. Darum eroberte Josua mit dem unausgebildeten Heer, das er anführte, große Städte. Was tat Josua, daß Gott so mächtig durch ihn wirken konnte? Er hatte gelernt zu beten. Während Mose oben auf dem Berg betete, verbrachte Josua unten am Fuß des Berges die Nacht im Gebet. Als Mose starb, hatte Gott einen ausgebildeten Leiter, der wußte, was beten heißt.

David war ein Mann, der sich dem Gebet hingegeben hatte. Als er zum König über Israel gesalbt wurde, saß Saul noch auf dem Thron. Die Tatsache, daß Davids Einsetzung zum König nur von sehr wenigen anerkannt wurde, hätte ihn leicht entmutigen können, aber durch das Gebet lernte er, Gott zu vertrauen. Er wartete darauf, daß der Herr ihn auf den Thron Israels setzen würde. Davids Beziehung zum Herrn war so stark, daß er Saul nicht tötete, obwohl er die Gelgenheit dazu hatte. Nach Sauls Tod, als David offiziell zum König Israels eingesetzt war, holte er als erstes die Bundeslade zurück, damit sie wieder an ihren Platz im Zentrum des Heiligtums käme. Die Ursache der Kraft, die in Davids Leben und Königreich wirksam wurde, ist offensichtlich: David führte ein Leben des Gebets.

Elia war in einer der schlimmsten Zeiten der Geschichte Israels Gottes Prophet. Zu jener Zeit hatte sich Israel Baal zugewandt und betete ihn an. Elia betete voller Kraft, er forderte die Baalspropheten heraus. Wenn uns die Geschichten Elias einfallen, denken wir an seine Kraft, aber wir müssen auch sehen, woher er diese Kraft hatte. Elia war ein Mann des Gebets. Er verbrachte Stunden, ja Tage im Gebet. Dies war der Grund dafür, warum die Prophetenjünger Elia, nachdem er im Sturmwind von dem feurigen Wagen in den Himmel geholt worden war, auf den Bergen Israels suchten.

Jedoch ist in keinem Menschen Gottes Kraft jemals derartig sichtbar geworden wie in Gottes Sohn, Jesus Christus. Bevor sein öffentliches Wirken begann, verbrachte er im Gebet viel Zeit mit dem Vater. Es war bekannt, daß Jesus sich immer wieder lange zurückzog, um mit dem Vater allein zu sein. Das war die Quelle seiner Kraft. Er konnte nur das tun, was der Vater ihm offenbarte.

Sind Sie die kraftlosen Gebete leid, die von Ihren eigenen Lippen kommen? Wollen Sie, daß Ihre Gemeinde einen mächtigen Gebetsdienst beginnt, so daß Ihre Nachbarschaft, Ihre Stadt und Ihr Land die Kraft erkennen, die in der Kirche ist? Wenn dies Ihr Verlangen ist und Sie bereit sind, alles zu tun und jeden Preis zu bezahlen, dann bereiten Sie sich darauf vor, daß Gott Ihr Leben und Ihren Dienst dramatisch ändern und Sie in eine neue Dimension der Kraft hineinführen wird.

Es gibt keinen Grund dafür, warum in Ihrer Gemeinde nicht regelmäßig Wunder geschehen sollten. Es gibt keinen Grund dafür, warum in Ihrer Gemeinde die Sünder nicht zum Heiligen Geist gezogen werden sollten. Mir ist berichtet worden, wie Charles Finney durch eine kleine Stadt im Norden des Staates New York reiste. Houghton war ein ganz normaler Ort; als jedoch Charles Finney eines Tages mit dem Zug hindurchfuhr, fiel der Heilige Geist auf die Sünder in jener Stadt. In Cocktailbars fielen Männer unter der Überführung des Heiligen Geistes auf die Knie und flehten Jesus an, sie zu retten. Wenn der Heilige Geist Charles Finney solche Kraft gab, sollte er uns dann nicht auch einen entsprechenden kraftvollen Dienst geben? Finney sprach selten über den Schlüssel zu seiner Kraft. Ein Reporter entschloß sich einmal, ihn heimlich zu beobachten. Der Zeitungsmann erkannte schließlich, daß die Quelle von Finneys Kraft die vielen Stunden waren, die er im Gebet verbrachte.

Ich bin davon überzeugt, daß wir in Korea erst gerade den Anfang der

Erweckung erleben, die Gott uns versprochen hat. Obwohl im ganzen Land bekannt ist, daß Gott in unserer Kirche wirkt, werden wir, wenn wir treu sind, in der Zukunft Gottes Wirken in noch viel größerem Maße erleben als jetzt.

Gottes Kraft wird nicht nur in Heilungen, in Befreiung von bösen Geistern und der Bekehrung von Tausenden von Menschen sichtbar; sie ist auch sichtbar in dem offenen Himmel, der über unserem Land ist. Was ich damit meine? Wenn über einem Land der Himmel offen ist, dann besteht große Freiheit, geistliche Freiheit, das Evangelium zu predigen. Das Maß des Glaubens ist sehr groß, auch stößt man in einem Land mit einem offenen Himmel auf relativ wenig geistlichen Widerstand. In manchen Ländern ist es schwierig zu predigen, weil so viel geistlicher Widerstand da ist. Die satanischen Kräfte, die sich dort dem Evangelium entgegenstellen, sind stark; auch findet man nicht viel Glauben. Dies macht es denjenigen unter uns, die im Dienst der Verkündigung stehen, schwer.

Es gibt fast kein Land, wo es mir so leicht fällt zu predigen wie in Korea. Wenn ich Gottes Wort predige, bekehren sich die Sünder sofort. Wie kommen wir zu dieser geistlichen Atmosphäre? Die Antwort ist Gebet.

Das Gebet bewirkt nicht nur Kraft innerhalb der Kirche, sondern auch im persönlichen Leben. Ich habe gelernt, in meinem Dienst der Kraft des Heiligen Geistes zu vertrauen. Große Dinge für Gott kann man weder durch Heer noch durch Kraft vollbringen, sondern nur durch den Heiligen Geist. Als ich lernte, im Heiligen Geist zu leben, habe ich Gottes Kraft erlebt. Wie könnte ich sonst Pastor eine Gemeinde mit 370 000 Mitgliedern sein und trotzdem noch Zeit haben, fast jeden Monat in den verschiedensten Ländern der Welt Konferenzen für Gemeindewachstum zu leiten? Woher nehme ich die Zeit, in drei Kontinenten Fernsehprogramme durchzuführen? Die Antwort darauf ist, daß der Heilige Geist mir die Kraft gibt, weil ich mein Leben dem Gebet geweiht habe.

Menschen kommen zu mir in mein Büro, damit ich für sie bete. Ich habe erlebt, wie durch Gottes Kraft die Lahmen gehen, die Blinden sehen und die Gelähmten aus ihren Rollstühlen aufspringen. Bin ich jemand Besonderes? Ich habe schon in der Einleitung gesagt, daß Gott keine Lieblingskinder hat. Wir können alle die Kraft des Gebets erleben, wenn wir bereit sind, den Preis zu bezahlen.

Um solche Kraft im Gebet zu entwickeln, müssen wir unsere Haltung ändern. Im Matthäus-Evangelium machte Jesus eine revolutionäre Aussage über die Haltung, die nötig ist, um geistliche Kraft zu bekommen. Nachdem Johannes der Täufer gefangengenommen worden war, wurde Jesus nach seiner Meinung über den Täufer gefragt. Jesus bezeugte die einzigartige Stellung Johannes des Täufers: »Wahrlich, ich sage euch: Unter allen, die von einer Frau geboren sind, ist keiner aufgetreten, der größer ist als Johannes der Täufer; aber der Kleinste im Himmelreich ist größer als er« (Mt. 11,11). Wie kann ein Kind Gottes größer sein als Johannes der Täufer? Im nächsten Vers läßt Jesus uns wissen, welche Haltung nötig ist, um geistliche Kraft zu bekommen: »Aber von den Tagen Johannes des Täufers an bis jetzt wird das Reich der Himmel mit Gewalt erstrebt, und gewaltsam Ringende reißen es an sich« (Mt. 11,12 — Zürcher).[2]

Leidenschaftliche Hingabe an das Gebet ist notwendig, damit Gottes Kraft in unser Leben hineinkommen kann. Kraft im Gebet braucht viel Zeit. Aus diesem Grunde müssen wir in unserer Zeiteinteilung Prioritäten setzen. Viele Dinge werden auf uns eindringen und uns davon abhalten wollen, uns die Zeit zu nehmen, die nötig ist, um Kraft im Gebet zu bekommen. Durch Gottes Gnade sind wir in der Lage, den Preis für krafterfülltes Gebet zu zahlen, wenn wir nur die richtige Haltung haben.

Gebet bewirkt Zerbrochenheit

In den vergangenen 25 Jahren habe ich gelernt, daß Gott keinen Menschen gebrauchen kann, der nicht zerbrochen ist und sich ihm völlig ausgeliefert hat. Als Jesus in Petrus' Boot war, wurde dieser von seiner eigenen Sündhaftigkeit völlig überwältigt. Er hatte das Gefühl, zu sündig zu sein, um mit Jesus in einem Boot sitzen zu können. Nachdem Petrus Jesus dreimal verleugnet hatte, zerbrach Gott ihn durch seine Gnade und Vergebung. Er gab ihm die Möglichkeit, die erste Predigt in der Geschichte der Kirche zu halten. Als Folge dieser Predigt kamen am Pfingsttag 3000 Menschen zum Glauben. Petrus wurde auch von Gott dazu gebraucht, die geistliche Tür zur Heidenwelt zu öffnen. Gott konnte Petrus gebrauchen, nachdem er zerbrochen war.

Ich bin vielen Menschen begegnet, die Gott nicht dienen, weil sie in der Vergangenheit gesündigt haben. Solche Menschen geben oft ihrem Pastor oder anderen Christen die Schuld, aber in ihrem Herzen wissen sie, daß sie Gott nicht gefolgt sind und nicht bereit waren zu lernen. Wenn ein Christ einen Fehler begeht, so versuche ich immer, ihm zu helfen, sein Leben wieder zurechtzubringen. Ich erkläre ihm, sein Fehler könne dazu dienen, daß er lernt, ein demütiges und zerbrochenes Herz vor Gott zu haben.

Wo Zerbrochenheit fehlt, wird ein Mensch, der von Gott gebraucht wird, sehr schnell stolz und arrogant. Wenn ein Mensch jedoch zerbrochen ist, widersteht sein Herz dem Stolz, und Gott kann ihn noch mehr gebrauchen als zuvor.

---

2 Adam Clarke nennt die Gewalt, von der Jesus in Matthäus spricht: »Die nötige gewaltsame Ernsthaftigkeit« (Adam Clarke, COMMENTARY ON THE HOLY BIBLE, One Vol. Ed., Baker Book House, Grand Rapids, Mich.), S. 792.

Wie geschieht dies im Gebet?
Wenn Sie in Ihrer Gebetszeit mit Gott in Berührung kommen, wenn Sie in die Gegenwart Gottes treten, dann erkennen Sie als erstes die Sündhaftigkeit des eigenen Herzens. Kein Mensch kann in der Gegenwart des heiligen Gottes Stolz verspüren. Sobald wir erkennen, daß wir aus uns selbst heraus nicht würdig sind, in Gottes heilige Gegenwart zu treten, fangen wir an, unsere Sünde zu bekennen und uns vor Gott zu demütigen. Dies heißt nicht, daß wir nicht vor den Thron der Gnade treten dürfen. Im Gegenteil, Jesus Christus hat mit seinem Blut den Preis bezahlt, so daß jeder Gläubige Zugang zum Thron hat. Wir erkennen jedoch, daß wir aus uns selbst heraus Gott nicht gefallen können. Diese Erkenntnis bewirkt in uns, daß wir zerbrechen. Zerbrochenheit und Stolz können nicht nebeneinander existieren!

Erstaunlicherweise werden wir, wenn wir in Gottes Gegenwart treten, an Situationen und Handlungen erinnert, die wir vielleicht schon vergessen hatten. Genauso wie Petrus, der, als er seine Sünde erkannte, Christi Gegenwart in seinem Boot nicht mehr ertragen konnte, werden uns in Gottes heiliger Gegenwart unsere großen Mängel bewußt.

Die nächste, ganz natürliche Reaktion auf Gottes Gegenwart ist das Verlangen, Vergebung unserer Sünde zu erfahren. Dies ist auch meine eigene Erfahrung. Ich habe zum Beispiel irgendeine kleine Sache falsch gemacht, ohne es bemerkt zu haben. Sobald ich nun meine Gebetszeit beginne, wird mich der Heilige Geist genau auf diese Sache hinweisen, und ich werde Gott bitten, mir zu vergeben und mich davon frei zu machen. Sie sagen vielleicht, dies sei zuviel verlangt. Doch vergessen Sie nicht, daß Sie jetzt ein neues Verlangen nach Gebet haben. Sie haben jetzt auch eine neue Entschlossenheit, gewaltsam gegen Ihr Fleisch und Ihren Stolz vorzugehen. Sie lernen, wie Sie sanftmütig im Heiligen Geist leben können. In einem der späteren Kapitel des Buches werden Sie noch viel mehr darüber erfahren. Ich will jedoch schon hier betonen, wie wichtig es ist, sanftmütig im Heiligen Geist zu leben. Der Heilige Geist ist ein Gentleman! (»gentle« heißt übersetzt: sanft, freundlich. Anm. d. Hrsg.)

Wenn Sie Ihr Leben in Sanftmut vor dem Heiligen Geist führen, dann werden Sie immer mehr mit Gottes bleibender Gegenwart vertraut werden. Gottes beständige Gegenwart wird zwei höchst wichtige Veränderungen bewirken. Die erste ist Zerbrochenheit, die zweite Auslieferung.

Bevor wir uns einige biblische Beispiele der Zerbrochenheit und Auslieferung ansehen, möchte ich Ihnen erzählen, was ich persönlich in diesen beiden Bereichen erlebt habe.

Gott hatte nie die Absicht, vollkommene Menschen zu gebrauchen, um seinen vollkommenen Willen auszuführen. Dies ist offensichtlich, wenn man bedenkt, daß er sich Menschen wie Jakob und David auswählte. Dies ist auch offensichtlich, wenn man bedenkt, daß er mich auswählte. Von

Natur aus habe ich die Neigung, meinen eigenen Weg gehen zu wollen. Aber die Wege des Herrn sehen oft sehr anders aus als meine eigenen. So muß einer von uns beiden nachgeben. Meine Rolle ist es, mich der Weisung des Heiligen Geistes zu beugen. Gott hat mir seinen Geist gegeben, um mich auf seinen Wegen zu führen und zu leiten. Der Heilige Geist ist der Tröster. Jedoch kann der Tröster uns auch ein Gefühl des größten Unbehagens geben, wenn wir nicht bereit sind, Gottes Wegen zu folgen. Wie stellt der Heilige Geist sicher, daß wir unserem himmlischen Vater gehorchen? Indem er uns in der Haltung der Zerbrochenheit hält!

Um zerbrochen zu werden, muß man erst ganz sein. Als sich der Herr David erwählte, war dieser ein ganzer, heiler Mensch. Er hätte mit Erfolg weiter als Schafhirte für seinen Vater arbeiten können. Aber der Herr hatte Größeres mit ihm vor. Er sollte der nächste König Israels werden. David würde sogar noch mehr sein als nur König — er würde auch ein Prophet sein. Seine Prophetien sollten auf das zukünftige Wirken des Messias hinweisen. David würde noch mehr sein als Prophet und König, er würde auch ein Priester sein. Niemand außer dem Hohenpriester hatte jemals im Heiligtum in Gottes Gegenwart treten können. David jedoch konnte in Gottes heilige Gegenwart treten, ohne zu sterben. Als Prophet, Priester und König war David ein vollkommenes Abbild Christi.

Wenn wir Davids Leben betrachten, so sehen wir, daß er in der Lage war, auf die abscheulichste Weise zu sündigen. Er beging Ehebruch, ja sogar Mord. Auch wenn David für seine Sünde bestraft wurde (und selbst heute noch Menschen schadenfroh auf seine Sünde hinweisen), trat Gott ihm doch in den Weg, so daß er nicht mehr seine eigenen Wege verfolgte. Dies bedeutet nicht etwa, daß wir sündigen sollen, damit wir zerbrochen werden. Das hieße, Gottes Gnade zu versuchen. Wenn wir jedoch sanftmütig im Heiligen Geist leben, wird dieser dauernd unser Verhalten prüfen. Wenn wir beständig in Gottes Gegenwart leben wollen, muß unser Herz zerbrochen und demütig bleiben. Ein solches Leben zu führen heißt, in Aufrichtigkeit vor Gott und vor Gottes Kindern zu leben. In unserer orientalischen Tradition darf ein Leiter nie vor anderen Menschen beschämt werden. Die Menschen wollen das nicht, und sicherlich vermeiden es die Leiter ihrerseits entsprechend. Wir nennen es »sein Gesicht verlieren«. Aber der Heilige Geist hat diese kulturelle Sperre überwunden und mich dahin geführt, meiner Gemeinde gegenüber offen und aufrichtig zu sein. Ich weiß noch, daß ich am liebsten gestorben wäre, bevor ich meiner Gemeinde zum ersten Mal bekannte, daß ich etwas getan hatte, was Gott mißfiel. Diese Aufrichtigkeit hat jedoch dazu geführt, daß zwischen meiner Gemeinde und mir ein starkes Vertrauen gewachsen ist, das jetzt schon 25 Jahre anhält.

Im Jakobusbrief sehen wir dieses Prinzip ganz deutlich: »Er gibt aber um so reichlicher Gnade. Darum heißt es: Gott widersteht den Hochmütigen, aber den Demütigen gibt er Gnade« (Jak. 4,6). Auch Petrus beschreibt dasselbe Prinzip: »Ebenso, ihr jüngeren Männer, ordnet euch den Ältesten unter. Alle aber sollen einander mit Demut begegnen. Denn Gott widersteht den Hochmütigen, aber den Demütigen gibt er Gnade. So demütigt euch nun unter die gewaltige Hand Gottes, damit er euch erhöht, wenn die Zeit gekommen ist« (1. Petr. 5,5-6).

Sind wir vom Geist des Stolzes bestimmt, so widersteht Gott uns, wenn wir im Gebet zu ihm kommen. Ist unser Herz jedoch zerbrochen und sind wir demütig, dann gibt er uns um so reichlicher Gnade. Erfolg ist von Gottes Gnade abhängig. Aus eigener Leistung können wir nichts tun, was Erfolg hätte, aber durch Gottes Gnade vermögen wir alles. Wenn wir mehr Erfolg haben wollen, brauchen wir mehr Gnade. Wie empfangen wir mehr Gnade? Wir erlangen sie, indem wir vor Gott zerbrochen und zur Demut geführt werden.

Die Lehre von der Zerbrochenheit ist in unserer Zeit nicht sehr beliebt. Die Menschen wollen nur wissen, wie man erfolgreich sein kann. Ich habe jedoch erkannt, daß Erfolg nicht dadurch kommt, daß man gewisse Formeln oder Prinzipien lernt; wir müssen vielmehr das Geheimnis der Zerbrochenheit kennenlernen. Nur dadurch empfangen wir reichlicher Gnade. Diese Gnade allein garantiert uns den größten Erfolg.

Hiob war ein Mann, der diese Lektion lernte. »Ich lebte ruhig, da zerbrach er mich« (Hiob 16,12 — Zürcher).

Nachdem David seine Schuld bekannt, Gott um Hilfe gebeten und Befreiung erfahren hatte, sagte er: »Ich bin geworden wie ein zerbrochenes Gefäß« (Ps. 31,13).

Gottes Absicht ist, uns zu zerbrechen, jedoch nicht, uns zu vernichten. Wenn wir in der Haltung der Demut vor Gott zerbrechen, werden wir nicht völlig zerstört.

Im Matthäusevangelium macht Jesus den Unterschied zwischen »Zerbrechen« und »Zerstören« deutlich. »Jesus sagte zu ihnen: Habt ihr nie gelesen, was in der Schrift steht: ›Der Stein, den die Bauleute verworfen haben, der ist zum Eckstein geworden. Vom Herrn ist das geschehen und ist ein Wunder vor unsern Augen?‹ Darum sage ich euch: Das Reich Gottes wird von euch genommen und einem Volk gegeben werden, das seine Früchte bringt. Und wer auf diesen Stein fällt, der wird zerschellen; auf wen aber er fällt, den wird er zermalmen« (Mt. 21,42-44).

Um zu verstehen, was es bedeutet, vor Gott zerbrochen zu sein, müssen wir uns den Charakter dieses Gleichnisses vor Augen halten. Christus wird als der Eckstein des geistlichen Tempels, der Kirche, dargestellt. Die Kirche ist in diesem Zusammenhang mehr als der Leib der Gläubigen, der an Pfingsten geboren wurde. Hier steht die Kirche stellvertretend für Gottes Volk zu allen Zeiten. Als Jesus die Worte dieses Gleichnisses sagte, so wie sie in Matthäus 21 festgehalten sind, wurde Gottes Volk durch die jüdische Nation repräsentiert. Jesus Christus wird als der wichtigste Teil des

Gebäudes bezeichnet, alle anderen Mitglieder stellen einzelne Steine dar. Jesus ist der Eckstein oder der Stein, der das ganze Gebäude zusammenhält.

Es war Gottes Wunsch, ein geistliches Gebäude zu haben, in dem seine Herrlichkeit wohnen konnte. Als Israel den Messias ablehnte, verspielte es sein Recht, dieses geistliche Gebäude zu sein. Darum baut Gott sich in der Kirche einen neuen Tempel. Jeder von uns ist ein lebendiger Stein in dem neuen geistlichen Tempel. Wenn wir durch die Erlösung aus der Welt herausgenommen werden, sind wir Steine, die erst noch behauen werden müssen, damit sie Gottes Willen gemäß gebraucht werden können. Wenn ein Steingebäude errichtet wird, verbringt der Steinmetz viel Zeit damit, jeden einzelnen Stein so zu behauen, daß er an den ihm zugedachten Platz paßt. Wenn der Stein sich nicht einfügt und zu hart ist, um behauen zu werden, dann ist er von geringem Nutzen und wird zermalmt werden.

Darum konnte Jesus befehlen: »Fall auf den Stein und zerbrich!« Wenn Gott uns zerbricht, will er uns nicht vernichten, sondern formen, damit er uns für das Ziel gebrauchen kann, für das er uns erwählt hat. Wenn wir uns Gottes Absichten entgegenstellen, werden wir unbrauchbar sein für Gottes ewige Pläne.

Darum ist es so wichtig, daß wir in Zerbrochenheit vor Gott leben. Ich muß jedoch noch einmal wiederholen, daß dies nicht bedeutet, als Versager zu leben oder eine geringe Selbstachtung zu haben. Denken Sie daran, daß Gott uns erwählt hat. Wir sind wichtig. Aber wenn wir lernen, im Gebet in die Gegenwart des Heiligen Geistes zu kommen, so ist es ganz natürlich, daß wir zerbrochen werden. Auf diese Weise kann Jesus Christus, der Baumeister, sein göttliches Wirken in unserem Leben vollenden.

Was für eine Freude ist es, zu wissen, daß Gott unser Leben formt, damit er es für seine ewigen Absichten gebrauchen kann. Welchen Frieden haben wir, weil wir wissen, daß alle Dinge diesem ewigen Ziel dienen. Nichts geschieht aus Zufall. Alles dient zu unserem Besten. Lob und Preis sei dem lebendigen Herrn!

Nach der Zerbrochenheit kommt die Auslieferung. Mit einer bedingungslosen Auslieferung geben wir uns völlig dem Willen Gottes hin. Ich betone, daß uns dies nicht passiv werden läßt. Auslieferung bedeutet, daß wir unser natürliches Recht, zu tun, was wir wollen, unserem neuen Meister, dem König aller Könige und Herrn aller Herren, übergeben.

Wir müssen auch erkennen, daß Zerbrochenheit und Auslieferung an sich kein Selbstzweck sind. Es sind Mittel, mit denen Gott ein bestimmtes Ziel verfolgt: Er will uns zu effektiven Werkzeugen in seiner Hand machen, die er für Erweckung und Gemeindewachstum einsetzen kann. In der Vergangenheit haben wir erlebt, daß Menschen sich damit zufriedengegeben haben, Zerbrochenheit und Auslieferung als Ziel zu betrachten, anstatt zu sehen, daß es nur Mittel sind. Dies hat viele Menschen dazu gebracht, in Klöster zu gehen, um dort ein frommes Leben zu führen, was jedoch die Umgebung nicht veränderte. Frömmigkeit sollte uns nicht wegführen von der Welt, sondern uns stärken, damit wir unseren Zeugendienst in der Welt noch besser ausführen können.

Der leichteste Weg wäre, sich von den Herausforderungen, die die Welt der Kirche heute stellt, zurückzuziehen. Wenn Gott uns jedoch zerbricht und uns zur Auslieferung führt, so tut er das mit dem Ziel, uns auszurüsten, damit wir diesen Herausforderungen begegnen können.

Meine Kirche liegt nur wenige hundert Meter von dem Hauptregierungsgebäude, der Kongreßhalle, entfernt. Oft bittet mich unsere Regierung, für bestimmte Entscheidungen zu beten, die das ganze Land betreffen. Ich habe mich nicht von den gesellschaftlichen und wirtschaftlichen Herausforderungen zurückgezogen, vor die der Herr mich gestellt hat. Ich bemühe mich jedoch darum, in so großer Zerbrochenheit und Auslieferung zu leben, daß ich in jeder Situation Gottes Willen klar erkennen kann. Auf diese Weise kann unser Land, das größtenteils nichtchristlich ist, Gottes Willen erkennen.

Gebet und die Überwindung Satans

Die Zeit, in der wir leben, ist böse. Satan, unterstützt von den gefallenen Engeln und Dämonen, ist darauf aus, zu rauben und zu zerstören. Ohne die Kraft des Gebets können wir Satans Macht nicht brechen.

Der Teufel hat sich noch nie sehr um kirchliche Rituale gekümmert — aber er hat Todesangst vor echtem Gebet. Wenn Sie ein Leben des Gebets beginnen, werden Sie Satans Widerstand auf neue und andere Weise kennenlernen als bisher.

Ein Mann, der zu unserer Gemeinde gehört, war früher Alkoholiker. Im Beruf hatte er Erfolg, aber sein Trinken führte ihn dazu, seine Frau und Kinder zu mißhandeln. Eines Abends brachte er einige Kumpels mit nach Hause, um ein Trinkgelage zu veranstalten.

Seine Frau liebte die Familie und hatte schon viel von ihrem Ehemann erlitten. Doch der Gedanke, daß ihr Mann nun ihrem Heim so viel Unehre machte, war zuviel. Sie rief ihren Mann zu sich und sagte: »Ich liebe dich, aber ich kann dein Trinken nicht mehr ertragen. Jetzt bringst du auch noch diese Säufer mit nach Hause. Ich kann das nicht länger mitmachen. Ich werde meine Sachen packen und gehen. Morgen früh, wenn du aufwachst, werde ich nicht mehr dasein. Lebe wohl!«

Durch den Schock, seine Familie zu verlieren, wurde der Mann plötzlich nüchtern. Weil er wußte, daß seine Frau eine überzeugte Christin war, kniete er sich vor ihr hin und rief: »Herr, bitte befreie mich von dem schrecklichen Geist des Alkohols!« In dem Glauben, ihr Mann sei nach wie vor betrunken und verspotte nun auch noch ihren Glauben, wurde die Frau noch empörter.

Der Mann hatte schon oft versucht, vom Trinken befreit zu werden, aber ohne Erfolg. Jetzt, wo seine Frau ihm gedroht hatte, ihn zu verlassen, war er noch verzweifelter. Während er weinte, hörte er in seinem Herzen eine Stimme, die sagte: »Morgen wirst du frei sein.«

»Ich weiß ganz sicher, daß ich morgen vollkommen frei sein werde«, flehte er seine Frau an. Aber auf ihrem Gesicht stand nur Unglauben. Wie oft hatte er ihr das schon versprochen. Am nächsten Morgen staunte sie jedoch, als sie sah, wie ihr Mann allen Alkohol (der viel gekostet hatte) und auch seine Zigaretten in den Abfall warf. »Sollte es wirklich wahr sein, daß ein Wunder der Befreiung stattgefunden hat?« fragte sie sich.

Danach stieg er ins Auto, fuhr zur Arbeit und sagte allen Angestellten in seiner Fabrik, daß Gott ihn freigemacht habe und er nie wieder trinken oder rauchen würde. Die Leute in der Fabrik wagten es nicht, öffentlich über den Mann zu spotten, aber sie glaubten, es sei nur wieder eine seiner Geschichten. Er hatte schon öfter ähnliches erzählt. Doch nach einiger Zeit, als sich sein Lebensstil völlig änderte, waren alle davon überzeugt, daß etwas geschehen sein mußte. Inzwischen dient seine ganze Familie Jesus, und er gehört zu den Diakonen in unserer Gemeinde.

Satan war dabei, eine weitere Familie zu zerstören. Durch Beständigkeit und Gebet erlebte die Frau jedoch den vollkommenen Sieg. Satan ist ein Lügner und der Vater der Lüge. Er tut nichts lieber, als zu rauben und zu zerstören, aber Christus hat uns die Autorität über das Wirken Satans gegeben. Wir müssen nur lernen, in rechter Weise zu beten.

Um zu verstehen, wie Gebet die Macht Satans brechen kann, mit der er im Leben unserer Freunde und Lieben wirkt, müssen wir sehen, was die Bibel über ihn zu sagen hat.

Als Leiter des Lobpreises und der Anbetung der Engel hatte Satan einst Zugang zu Gott. Jesaja schreibt: »Wie bist du vom Himmel gefallen, du schöner Morgenstern! Wie wurdest du zu Boden geschlagen, der du alle Völker niederschlugst! Du aber gedachtest in deinem Herzen: ›Ich will in den Himmel steigen und meinen Thron über die Sterne Gottes erhöhen, ich will mich setzen auf den Berg der Versammlung im fernsten Norden. Ich will auffahren über die hohen Wolken und gleich sein dem Allerhöchsten.‹ Ja, hinunter zu den Toten fuhrest du, zur tiefsten Grube!« (Jes. 14,12-15).

Und Hesekiel schreibt: »In Eden warst du, im Garten Gottes, geschmückt mit Edelsteinen jeder Art, mit Sarder, Topas, Diamant, Türkis, Onyx, Jaspis, Saphir, Malachit, Smaragd. Von Gold war die Arbeit deiner Ohrringe und des Perlenschmuckes, den du trugst; am Tag, als du geschaffen wurdest, wurden sie bereitet. Du warst ein glänzender, schirmender Cherub, und auf den heiligen Berg hatte ich dich gesetzt; ein Gott warst du und wandeltest inmitten der feurigen Steine. Du warst ohne Tadel in deinem Tun von dem Tage an, als du geschaffen wurdest, bis an dir Missetat gefunden wurde. Durch deinen großen Handel wurdest du voll Frevels und hast dich versündigt. Da verstieß ich dich vom Berge Gottes und tilgte dich, du schirmender Cherub, hinweg aus der Mitte der feurigen Steine. Weil sich dein Herz erhob, daß du so schön warst, und du deine Weisheit verdorben hast in all deinem Glanz, darum habe ich dich zu Boden gestürzt und ein Schauspiel aus dir gemacht vor den Königen . . . Alle, die dich kannten unter den Völkern, haben sich über dich entsetzt, daß du so plötzlich untergegangen bist und nicht mehr aufkommen kannst« (Hes. 28, 13-19).

In diesen Versen wird Satans frühere hervorragende Position in Gottes himmlischem Reich deutlich. Warum versucht er nun, uns zu berauben und zu zerstören?

Gott schuf den Menschen nach seinem eigenen Bilde. Er gab ihm Macht. Satan war eifersüchtig auf die Stellung des Menschen und hat von Anfang an versucht, Gottes besondere Schöpfung, den Menschen, zu zerstören. Als Adam und Eva geistlich gestorben waren, weil sie gesündigt hatten, sprach Gott eine Verheißung aus: »Und ich will Feindschaft setzen zwischen dir (Satan) und dem Weibe und zwischen deinem Nachkommen und ihrem Nachkommen; der soll dir den Kopf zertreten, und du wirst ihn in die Ferse stechen« (1. Mose 3,15). Satan weiß, daß er am Ende von den Menschen vollkommen besiegt werden wird.

In der Geschichte der Menschheit hat Satan immer wieder versucht, die Erfüllung dieser Verheißung zu verhindern. Schon gleich zu Anfang versuchte er, die menschliche Rasse zu verderben: »Als aber die Menschen sich zu mehren begannen auf Erden und ihnen Töchter geboren wurden, da sahen die Gottessöhne, wie schön die Töchter der Menschen waren, und nahmen sich zu Frauen, welche sie wollten. Da sprach der Herr: Mein Geist soll nicht immerdar im Menschen walten, denn auch der Mensch ist Fleisch. Ich will ihm als Lebenszeit geben hundertundzwanzig Jahre. Zu der Zeit und auch später noch, als die Gottessöhne zu den Töchtern der Menschen eingingen und sie ihnen Kinder gebaren, wurden daraus die Riesen auf Erden. Das sind die Helden der Vorzeit, die hochberühmten. Als aber der Herr sah, daß der Menschen Bosheit groß war auf Erden und alles Dichten und Trachten ihres Herzens nur böse war immerdar, da reute es ihn, daß er die Menschen gemacht hatte auf Erden, und es bekümmerte ihn in seinem Herzen . . . Aber Noah fand Gnade vor dem Herrn« (1. Mose 6,1-8).

Satans Taktik war, die ganze Menschheit zu verunreinigen. Dann würde auch der Nachkomme der Frau (Jesus Christus) unrein sein und nicht Satans Reich zerstören können. Doch Gott sah einen Mann, dessen Herz nicht verdorben war. Eine Familie fand Gnade in Gottes Augen. Durch Noah wurde die Menschheit vor der völligen Zerstörung bewahrt.

Satan gab seinen Widerstand nicht auf. Er versuchte, Israel zu zerstören. Dann versuchte er, das Jesuskind zu töten. Schließlich bewirkte er, daß Gottes Sohn ans Kreuz geschlagen wurde. Aber das Kreuz war nicht das Ende, sondern Satan wurde von unserem Herrn Jesus Christus durch seinen Tod am Kreuz besiegt. Durch Tod und Auferstehung Jesu Christi ist auch uns Autorität über Satan und seine Werke gegeben. Darum überwinden wir weit durch den, der uns geliebt hat.

Wie üben wir diese Autorität im Gebet aus?
Wie bereits erwähnt, widersetzt sich Satan mehr als allem anderen dem Gebet des Volkes Gottes. Dies kann man bei Daniel beobachten.

Daniel war noch ein junger Mann, als er 605 v. Chr. von den Babyloniern in die Gefangenschaft geführt wurde. Gott ließ diese Gefangenschaft zu, er gebrauchte sie, um Daniel eine Schlüsselposition im größten Reich der damaligen Zeit zu geben. So wie Josef in Ägypten Gnade fand, auch wenn er eine Zeitlang Ungerechtigkeit erleiden mußte, so wurde auch Daniel durch die Gabe der Traumdeutung von Gott gebraucht. Durch diese Gabe wurde Daniel später eine so präzise Vision der Zukunft gezeigt, daß viele Gelehrte die Echtheit des Buches Daniel bezweifeln.

Im ersten Jahr des Persers Darius, des zukünftigen Großherrschers im Vorderen Orient, bekam Daniel besondere Einsicht in Jeremia 25,12. Als er erkannte, welche Folgen sein neues Verständnis für Jerusalem hatte, trat er in seiner berühmt gewordenen Fürbitte für das Volk ein. Er fing damit an, daß er seine eigene Sünde bekannte, obwohl seine kompromißlose Treue gegenüber Gott bei allen Juden, die in der Gefangenschaft lebten, bekannt war. Dann bat er um Vergebung für sein Volk, wie wir es im 9. Kapitel lesen können. Er bittet Gott für sein Volk: »Ach, Herr, um aller deiner Gerechtigkeit willen wende ab deinen Zorn und Grimm von deiner Stadt Jerusalem und deinem heiligen Berg. Denn wegen unserer Sünden und wegen der Missetaten unserer Väter trägt Jerusalem und dein Volk Schmach bei allen, die um uns her wohnen. Und nun, unser Gott, höre das Gebet deines Knechtes und sein Flehen. Laß leuchten dein Antlitz über dein zerstörtes Heiligtum um deinetwillen, Herr!« (Dan. 9,16-17). Und dann wird sein Flehen noch leidenschaftlicher: »Ach, Herr, höre! Ach, Herr, sei gnädig! Ach, Herr, merk auf! Tu es und säume nicht — um deinetwillen, mein Gott! Denn deine Stadt und dein Volk ist nach deinem Namen genannt« (V. 19).

Als Daniel weiterbetet, schickt Gott den Engel Gabriel zu ihm. Gabriel offenbart, wie Satan sich dem Gebet des Volkes Gottes entgegenstellt: »Und er sprach zu mir: Fürchte dich nicht, Daniel; denn von dem ersten Tage an, als du von Herzen begehrtest zu verstehen und anfingst, dich zu demütigen vor deinem Gott, wurden deine Worte erhört, und ich wollte kommen um deiner Worte willen. Aber der Engelfürst des Königreichs

Persien hat mir einundzwanzig Tage widerstanden; und siehe, Michael, einer der Ersten unter den Engelfürsten, kam mir zu Hilfe, und ihm überließ ich den Kampf mit dem Engelfürsten des Königreichs Persien« (Dan. 10,12-13).

Später im selben Kapitel spricht Gabriel von dem Kampf, der ihm bevorsteht, wenn er Daniel verläßt: »Und er sprach zu mir: Weißt du, warum ich zu dir gekommen bin? Und jetzt muß ich wieder hin und mit dem Engelfürsten von Persien kämpfen; und wenn ich das hinter mich gebracht habe, siehe, dann wird der Engelfürst von Griechenland kommen. — Doch zuvor will ich dir kundtun, was geschrieben ist im Buch der Wahrheit. — Und es ist keiner, der mir hilft gegen jene, außer eurem Engelfürsten Michael« (V. 20-21).

In einem anerkannten Bibelkommentar wird ausgesagt, daß es sich bei dem Engelfürsten von Persien um eine geistliche Kraft handelte, die das Entstehen der nächsten Weltherrschaft vorwärtstrieb. Gabriel war von Gott gesandt worden, aber die satanischen Fürsten, die gefallenen Engel, führten Krieg gegen ihn — Satan wollte nicht, daß Daniels Gebet erhört wurde. Michael, der Erzengel, wurde hinzugerufen, um Gabriel im Kampf beizustehen. Daniel hatte einundzwanzig Tage lang gefastet und gebetet. Diese Zeitspanne war nötig, damit Gottes geistliche Streitkräfte die gefallenen Engel überwinden konnten.[3]

In Sacharja 3 lesen wir, wie der Engel des Herrn zu Satan sagt: »Der Herr schelte dich, du Satan! Ja, der Herr, der Jerusalem erwählt hat, schelte dich! Ist dieser nicht ein Brandscheit, das aus dem Feuer gerettet ist?« (V. 2).

Paulus wußte etwas von dem geistlichen Kampf, zu dem wir berufen sind. Er sagte: »Denn wir haben nicht mit Fleisch und Blut zu kämpfen, sondern mit den Mächtigen und Gewaltigen, mit den Beherrschern dieser finsteren Welt, mit den bösen Geistern zwischen Himmel und Erde« (Eph. 6,12).

Um eine klare Sicht dieser Dinge zu haben, müssen wir die geistliche Realität verstehen, das, was ich »die vierte Dimension« genannt habe.[4]

Satan wurde aus dem Himmel, wo er eine erhabene Stellung hatte, hinausgeworfen. Wir sind höher geschaffen als die Engel, weil wir die geistliche Wirklichkeit verstehen können. Seit dem Sündenfall weiß Satan, daß sein Reich durch die Menschen zerstört werden wird. Gott gab ihm den Namen: »der Machthaber, der in der Luft herrscht« (Eph. 2,2). Da ihm Autorität über die Erdatmosphäre gegeben ist, kann er die Nationen beeinflussen. Auch dem Menschen hatte Gott Autorität gegeben. Er verlor sie

---

3 Keil-Delitzsch, COMMENTARY ON THE OLD TESTAMENT, Band IX (Wm. B. Erdmans Publishing, Grand Rapids, Mich.), S. 416, 417.

4 DIE VIERTE DIMENSION, Band 1 (Verlag Gottfried Bernard, 1987).

zwar durch den Sündenfall Adams. Aber Gott hat noch immer einen Zeugen in dieser Welt. Gottes Volk ist in der Lage, im Gebet und in der Fürbitte Autorität auszuüben. Als Christus kam, ließ Gott es zu, daß dieser von der Welt gerichtet und gekreuzigt wurde. Doch durch sein sündloses Leben, durch den Sühnetod am Kreuz und die Auferstehung in Herrlichkeit nahm Christus die Schlüssel des Todes und empfing »alle Macht« (Mt. 28,18). Weil Christus alle Macht im Himmel und auf Erden gewonnen hat, ist uns geboten, in alle Welt zu gehen und die Nationen zu Jüngern des Reiches Gottes zu machen.

Wenn wir lernen, im Heiligen Geist zu beten, und wenn wir erkennen, daß uns Autorität gegeben ist, sind wir in der Lage, Satans Kräfte in Menschen, Städten, ja selbst in Nationen zu binden. Weil jedoch Satan ein Lügner ist und der Vater der Lüge, versucht er uns davon zu überzeugen, daß er die Macht in den Händen hält. Aber wenn wir lernen zu fasten, zu beten und unsere rechtmäßige geistliche Autorität auszuüben, müssen sich Satan und seine Mächte dem Willen Gottes beugen.

Wie wichtig ist es für uns, die Bedeutung des Gebets zu kennen und zu verstehen! Außer dem Gebet gibt es keinen anderen Weg, durch den Gottes Wille in unserem Leben geschehen kann. Wie ich jedoch schon früher sagte, müssen wir erst einmal das Verlangen haben zu beten.

Unser Problem besteht darin, daß wir über das Gebet nachgedacht, Bücher gelesen und Vorträge gehört haben, aber einfach nicht beten. Jetzt ist die Zeit, um zu erkennen, daß das Gebet die Quelle der Kraft ist. Jetzt ist die Zeit, um uns vom Heiligen Geist in neue Zerbrochenheit und Auslieferung führen zu lassen. Jetzt ist die Zeit, in der wir lernen können, unsere geistliche Autorität zu gebrauchen und das Wirken des Teufels zu hindern. Jetzt ist die Zeit zu beten!

Kapitel 2

Gebet und der Heilige Geist

Wir leben im Zeitalter des Heiligen Geistes. Jesus sagte seinen Jüngern, er müsse sie verlassen, damit der Heilige Geist kommen könne. Am Pfingsttag kam der Heilige Geist in seiner Fülle auf die 120 treuen Jünger herab, die in Jerusalem warteten. Das war die Erfüllung der Verheißung Johannes des Täufers.

Bei der Taufe Jesu Christi erschien der Heilige Geist im Bild einer Taube. Der Grund für dieses Symbol der Taube ist im Wesen des Heiligen Geistes zu suchen. Die Taube ist sanft, und auch der Heilige Geist ist sanft. Man lernt das Wesen des Heiligen Geistes nur dann wirklich kennen, wenn man anfängt, mit ihm Gemeinschaft zu haben. Im Alten Testament zeigt sich der Heilige Geist noch nicht als eine klar erkennbare Person. Im Neuen Testament spricht er so viel über Christus, daß man das, was dieser dritten Person der Dreieinigkeit innewohnt, leicht übersehen kann.

Wie können wir den Heiligen Geist kennenlernen? Wir werden uns seines Wesens nur bewußt, wenn wir anfangen, ein Leben des Gebets zu führen.

Von allen vier Evangelien enthält das Johannesevangelium die meisten Aussagen über den Heiligen Geist. In Kapitel 14 wird er der Geist der Wahrheit und der Tröster genannt. Er ist der Geist der Wahrheit, weil er Christi Worte nehmen und uns die tiefe Bedeutung, die in diesen Worten liegt, offenbaren kann. Er ist der Tröster, weil er unser Herz mit einem Frieden erfüllen wird, den die Welt nicht geben kann. Die Welt kennt Frieden nur als Beendigung von Feindseligkeiten. Der Heilige Geist bringt Frieden ungeachtet aller Umstände. Wenn wir nun lernen, im Heiligen Geist zu leben, lernen wir, in der Wahrheit und im Frieden zu leben. Wenn die Wahrheit nicht in unserem Leben wirksam ist, wenn wir nicht im Frieden Gottes leben, dann leben wir wahrscheinlich auch nicht im Heiligen Geist.

Gebet öffnet dem Heiligen Geist die Tür

Der Heilige Geist kann uns segnen, wenn wir in der Bibel lesen. Der Heilige Geist kann uns führen, wenn wir Christus bezeugen. Der Heilige Geist kann uns salben, wenn wir Gottes Wort predigen und lehren. Aber wenn wir enge Gemeinschaft mit dem Heiligen Geist haben wollen, dann müssen wir beten.

Diese Wahrheit habe ich in den Anfangstagen meines Dienstes erkannt. Ich gab mir so viel Mühe, Menschen zu Christus zu führen, und hatte doch fast keinen Erfolg. Als ich mich einmal im Gebet befand, sprach der Herr zu meinem Herzen: »Wie viele Wachteln hätte das Volk Israel gefangen, wenn es in der Wüste auf Jagd gegangen wäre?« Ich antwortete: »Nicht viele, Herr.« »Wie fing denn das Volk die Wachteln?« fragte mich der Herr als nächstes. Da erinnerte ich mich daran, daß Gott einen Wind gesandt hatte, um die Wachteln heranzutreiben. Der Herr versuchte, mir einen Unterschied klarzumachen: Ich kann bei dem Bemühen, Seelen zu gewinnen, entweder ohne die Strategie des Heiligen Geistes vorgehen, oder aber in Übereinstimmung mit dem Wirken des Heiligen Geistes arbeiten. Dann sagte mir der Herr etwas, was mein Leben völlig veränderte: »Du mußt den Heiligen Geist kennenlernen und mit ihm arbeiten!«

Ich war wiedergeboren. Ich war mit dem Heiligen Geist erfüllt. Aber ich hatte mir den Heiligen Geist immer als eine Erfahrung vorgestellt, nicht als eine Person. Ihn kennenzulernen würde von mir verlangen, mir Zeit zu nehmen, mit ihm zu reden und ihn zu mir sprechen zu lassen. Alle großen Veränderungen in meinem Dienst sind eine Folge dieser Gemeinschaft, die ich mit dem Heiligen Geist habe. Die Entwicklung der Hauszellgruppen war eine Folge der Gemeinschaft mit dem Heiligen Geist, die ich im Gebet hatte. Die Gründung von »Church Growth International« kam aus der Gemeinschaft mit dem Heiligen Geist. Ja, alle Grunderkenntnisse, die ich in Korea und auf der ganzen Welt lehre, habe ich nicht einem theologischen Buch entnommen, sondern sie entspringen wirklicher und ganz enger Gemeinschaft mit dem Heiligen Geist im Gebet.

Auch mein persönliches Leben hat sich durch die Gemeinschaft mit dem Heiligen Geist völlig verändert. Ich könnte nicht mehr leben ohne diese köstliche Gemeinschaft mit Gott, ohne seine Gegenwart, die mir so vertraut geworden ist. Morgens in der Frühe kann ich spüren, wie Gott mein Herz erfrischt. Danach habe ich Kraft genug, um alle Herausforderungen des Tages zu bestehen, denn ich weiß, daß ich in allen Situationen siegreich sein werde.

Ich habe auch festgestellt, daß ich nicht klug genug bin, um die Tausende von Problemen zu lösen, mit denen ich ständig konfrontiert werde. Aber so kann ich einfach zum Heiligen Geist sagen: »Lieber Heiliger Geist, bitte laß mich dir von dem Problem erzählen, das ich habe. Ich weiß, daß du Gottes Gedanken kennst und schon die Antwort hast.« Mit Gewißheit erwarte ich dann, daß der Heilige Geist mir die Antwort gibt.

Im Laufe der Jahre habe ich erkannt, daß der Heilige Geist meinen Geist, meinen Verstand und meinen Körper erneuert, und ich habe gesehen, daß die tägliche Gemeinschaft mit dem Heiligen Geist eine unbedingte Notwendigkeit ist. Während der einen Stunde, die ich jeden Morgen bete, verbringe ich viel Zeit in Gemeinschaft mit dem Heiligen Geist.

Jedesmal, wenn mir Gott eine Wahrheit aus seinem Wort neu lebendig werden läßt, weiß ich, daß dies der Geist der Wahrheit gewirkt hat, der in mir wohnt. So wie der Heilige Geist auf Maria kam und sie empfing, so kann der Heilige Geist auch uns mit dem lebendigen Wort durchtränken. »Der Buchstabe tötet, aber der Geist macht lebendig.« Das ist der Grund, warum Tausende von Menschen sonntags vor unserer Kirche Schlange stehen, um in einen der sieben Gottesdienste zu gehen. Das ist der Grund, warum unser Fernsehprogramm in Korea eine der höchsten Einschaltquoten hat. Die Menschen haben nicht nur Interesse daran, daß Gottes Wort gelehrt wird, sondern es verlangt sie nach Wahrheit, die vom Heiligen Geist gesalbt ist. Auch Paulus kannte diese Art der Lehre. Er bezeugt der Gemeinde in Korinth: »Wir haben nicht den Geist der Welt empfangen, sondern den Geist aus Gott, so daß wir wissen können, was uns von Gott geschenkt ist. Und davon reden wir nicht mit Worten, wie sie uns menschliche Weisheit lehren kann, sondern mit Worten, die der Geist lehrt, und deuten das Wirken des Geistes auf geistgewirkte Art« (1. Kor 2,12-13).

Der Heilige Geist salbt uns nicht nur, damit wir Gottes Wort mit Vollmacht und Autorität verkündigen können, er schützt uns auch vor den Angriffen des Feindes. Als Pastor der größten Gemeinde der Welt bin ich nicht frei von Angriffen anderer Menschen. Die Angriffe, die aus der Welt kommen, kümmern mich nicht. Es sind vielmehr die Angriffe, die von Christen kommen, die das Potential haben, zu verletzen. Doch die tägliche Gemeinschaft mit dem Heiligen Geist kann uns schützen — zwar nicht vor den Angriffen selbst, aber vor den Folgen der Angriffe. Im Leben des Stephanus, des ersten Märtyrers der Kirche, läßt sich dieses Prinzip erkennen.

In Apostelgeschichte 7 können wir lesen, wie Stephanus Gottes Wort mit großer Kraft verkündigte. Die Juden waren so überführt von seinen Worten, daß sie nur noch den Wunsch verspürten, ihn zu töten. »Als sie das hörten, ging es ihnen wie ein Stich durchs Herz, und sie knirschten mit den Zähnen vor Zorn über ihn. Er aber, erfüllt mit heiligem Geist, blickte zum Himmel auf und sah die Herrlichkeit Gottes und Jesus zur Rechten Gottes stehen und sagte: Siehe, ich sehe den Himmel offen und den Menschensohn zur Rechten Gottes stehen« (V. 54-55).

Paulus schließt seinen zweiten Brief an die Korinther mit den Versen: »Die Gnade unsres Herrn Jesus Christus und die Liebe Gottes und die

Gemeinschaft des heiligen Geistes sei mit euch allen!« In Philipper 2,1 spricht er ein weiteres Mal von der Gemeinschaft des Heiligen Geistes.

Wenn Ihre Gebete leer sind und nicht erfrischend, könnte es dann sein, daß Sie der Ermahnung des Paulus nicht gehorchen, nämlich Gemeinschaft mit dem Heiligen Geist zu haben? Der Heilige Geist wird Sie in das hineinführen, wonach Sie sich sehnen: in Freude, Frieden und das Wissen, daß Sie recht stehen. Denken Sie daran, daß das Reich Gottes nicht aus Essen und Trinken besteht, sondern aus Gerechtigkeit, Frieden und Freude im Heiligen Geist.

Gebet als Tür für die Offenbarungen des Heiligen Geistes

In seinem ersten Brief an die Gemeinde in Korinth schrieb Paulus: »Über die Gaben des Geistes aber will ich euch, liebe Brüder, nicht in Unkenntnis lassen« (1. Kor. 12,1). Dieser Vers könnte genausogut heute geschrieben sein. Ein Großteil der Kirche ist in Unkenntnis über die Gaben und die Manifestationen des Heiligen Geistes. Und viele von denen, die darüber Bescheid wissen, sind ratlos, wenn es darum geht, wie und wann sie sie einsetzen sollen.

Bei der Wiedergeburt kommt der Geist zum ersten Mal in den Menschen. Danach werden wir jedoch ermahnt, eine engere Beziehung mit dem Heiligen Geist zu entwickeln. Ich nenne dies: »die Fülle des Heiligen Geistes empfangen«.

Wir empfangen diese Fülle durch das Gebet. Wir lernen auch im Gebet, wie wir unsere geistlichen Gaben ausüben können.

Die Dienstgaben

An verschiedenen Stellen unterteilt Paulus die Dienstgaben. Diese Gaben werden verliehen, so wie Gott es will. »Nun aber hat Gott jedem einzelnen Glied seinen Platz im Leib gegeben, wie er gewollt hat« (1. Kor. 12,18). Sobald wir unsere Dienstgabe kennen, müssen wir sie entwickeln. »Laß die Gabe nicht außer acht, die dir durch eine Weissagung unter Handauflegung der Ältesten gegeben worden ist. Dies laß deine Sorge sein, dabei bleibe, damit deine Fortschritte für alle sichtbar werden« (1. Tim. 4,14-15).

In 1. Korinther 12 führt Paulus eine zwar nicht vollständige, aber doch grundlegende Liste der Dienstgaben auf: Apostel, Propheten, Lehrer. Dann nennt er eine niedrigere, aber nicht weniger wichtige Gruppe der Dienstgaben: Wunder, Gaben zu Heilungen, die Gabe zu helfen, zu leiten und die Sprachengabe.

Die erste Ebene der Gaben wird im Brief an die Gemeinde in Ephesus ausführlicher genannt: »Und er hat einige als Apostel eingesetzt, andere als Propheten, andere als Evangelisten, andere als Hirten und Lehrer« (Eph. 4,11). Die Funktion dieser ersten Gruppe der Dienstgaben wird im nächsten Vers genannt: »damit die Heiligen für ihren Dienst zugerüstet werden. Dadurch soll der Leib Christi aufgebaut werden« (V.12).

Wozu dient christliche Leiterschaft? Die Leiter sollen die Laien lehren, so daß diese dem Leib Christi dienen können und dieser aufgebaut und gestärkt wird. Wie kann der Dienst eines Leiters sich entwickeln und wachsen? Indem der Leiter im Gebet über diesen Dienst nachsinnt.

Darum, ganz gleich ob Sie Pastor oder Ältester sind, Zellgruppenleiter oder Diakon, Ihre Gabe wird nur durch Gebet und Meditation wachsen und sich entwickeln.

Die Manifestationen des Heiligen Geistes

Der Heilige Geist verleiht den Christen die Gaben des Geistes in Übereinstimmung mit dem Willen des Vaters. Aber der Heilige Geist kann sich durch jeden Christen offenbaren. Das Ziel einer Offenbarung des Geistes ist, daß jeder in der Gemeinde aufgebaut wird. Paulus sagt: »Jedem einzelnen wird die Offenbarung des Geistes gegeben zum Nutzen aller; dem einen wird durch den Geist gegeben, von der Weisheit zu reden; dem anderen wird gegeben, von der Erkenntnis zu reden, nach demselben Geist; einem andern Glaube, in demselben Geist; einem andern die Gabe, gesund zu machen, in dem einen Geist; einem andern die Kraft, Wunder zu tun; einem andern prophetische Rede; einem andern die Gabe, die Geister zu unterscheiden; einem andern verschiedene Arten von Zungenrede; einem andern die Gabe, sie auszulegen. Dies alles aber wirkt derselbe eine Geist und teilt jedem das Seine zu, wie er will« (1. Kor. 12,7-11).

Das 14. Kapitel des ersten Korintherbriefs beschäftigt sich mit dem richtigen Gebrauch der Offenbarung des Heiligen Geistes speziell im Blick auf die Gemeindeversammlung. Das eigentliche Ziel der Offenbarung ist, die gesamte Gemeinde aufzubauen. Die Gaben sollen nicht dafür eingesetzt werden, um zu zeigen, wie viele Gaben man hat oder wie geistlich man ist. Das 13. Kapitel, bekannt als das Hohelied der Liebe, sagt nicht, daß Liebe besser ist als die Gaben des Geistes, sondern zeigt, welche Motivation man haben sollte, um die Gaben auszuüben. »Strebt aber nach den höheren Gaben! Und ich will euch einen Weg zeigen, der noch darüber hinausführt« (1. Kor. 12,31). Beachten Sie, daß Paulus nicht sagt: »Ich will euch eine noch bessere Sache zeigen.« Nein, sondern er befaßt sich in Kapitel 13 mit dem »noch besseren Weg«.

Da Gott ein Gott der Ordnung ist, muß auch alles, was in der Gemeinde geschieht, in Ordnung geschehen: »Denn Gott ist nicht ein Gott der Unordnung, sondern des Friedens« (1. Kor. 14,33).

Wir lehren die Christen in Korea, daß sie beten sollen, die Gemeinde möge auf ein solides biblisches Fundament gebaut sein. Dabei lassen wir die Gaben des Geisten, von denen im ersten Korintherbrief gesprochen wird, nicht außer acht. Der Weg, um die Gaben und die Manifestationen des Heiligen Geistes zu entfalten, ist die Hingabe an das Gebet. Gebet wird bewirken, daß die verschiedenen Gaben sich ergänzen, anstatt miteinander in Konkurrenz zu stehen. Gebet wird bewirken, daß uns die Liebe motiviert und so die Gaben und die Offenbarung des Geistes in der rechten Ordnung gehalten werden. Gebet ist die Antwort!

Gebet bewirkt geistliche Sensibilität

Die Worte, die in der Bibel gedruckt sind, sind mehr als bloße Worte. Die Worte der Bibel sind Gottes Worte.

»Gott ist Geist, und die ihn anbeten, die müssen ihn im Geist und in der Wahrheit anbeten« (Joh. 4,24). Jesus sagte: »Der Geist ist's, der lebendig macht; das Fleisch taugt dazu nicht. Die Worte, die ich zu euch geredet habe, die sind Geist und sind Leben« (Joh. 6,63). Darum kann uns Gottes Geist zu einer solchen geistlichen Sensibilität führen, daß wir Gottes Wort in einer neuen und tieferen Dimension verstehen können.

Auch Paulus betont dies: »Sondern wir verkündigen die geheimnisvolle Weisheit Gottes, die verborgen ist; Gott hat sie vor aller Zeit zu unserer Herrlichkeit vorherbestimmt, und keiner von den Herrschern dieser Welt hat sie erkannt; denn wenn sie die erkannt hätten, so hätten sie den Herrn der Herrlichkeit nicht gekreuzigt. Sondern es ist gekommen, wie geschrieben steht: ›Was kein Auge gesehen hat und kein Ohr gehört hat und in keines Menschen Herz gekommen ist, was Gott bereitet hat denen, die ihn lieben.‹ Uns aber hat es Gott offenbart durch seinen Geist; denn der Geist erforscht alle Dinge, auch die Tiefen der Gottheit« (1. Kor. 2,7-10).

Paulus betont auch, wie wichtig es ist, Gottes Wort unter der Salbung des Heiligen Geistes zu verstehen, die durch Gebet kommt. Er sagt: »Der natürliche Mensch aber nimmt nichts an, was vom Geist Gottes kommt; es ist ihm eine Torheit, und er kann es nicht verstehen; denn es muß geistlich beurteilt werden« (1. Kor. 2,14).

Der Grund dafür, daß die Welt, selbst mit all ihrer Weisheit, Gottes Wort nicht verstehen kann, liegt darin, daß Gottes Wort zu einer höheren Dimension gehört als die der natürlichen Weisheit und Erkenntnis. Es enthält eine geistliche Dimension, die man ohne den Heiligen Geist nicht verstehen kann.

Wenn ich das kostbarste von allem, was ich besitze, meine Bibel, in die Hand nehme, dann bitte ich den Heiligen Geist: »O Heiliger Geist, öffne meine Augen, damit ich Gottes Wahrheit in deinem heiligen Wort sehe.« Welch eine Freude ist es, nach dem Beten Gottes Wort zu studieren.

Der Glaube kommt aus dem Hören des Wortes Gottes, so schreibt Paulus im Römerbrief. Gott läßt unseren Glauben wachsen, wenn wir das Hören oder die geistliche Sensibilität entwickeln. Geistliche Sensibilität wächst dadurch, daß wir betend Gottes Wort studieren.

Geistliche Sensibilität wird auch dadurch gefördert, daß wir uns ganz vom Herrn abhängig machen. Ich habe gelernt, daß mich der Herr, wenn ich mich vollkommen von ihm abhängig mache, immer führt und mir geistliches Verstehen schenkt. Dies verlangt oft Mut. Doch wenn ich nach dem Beten im Glauben vorwärtsgehe, wird meine geistliche Sensibilität immer größer. Je mehr sich meine geistlichen Sinne entwickeln, desto mehr kann ich die »feste Speise« des Wortes Gottes verstehen. »Feste Speise aber ist für Erwachsene da; sie haben ihre Sinne durch den Gebrauch geübt und können deshalb Gutes und Böses unterscheiden« (Hebr. 5,14).

Der Schreiber des Hebräerbriefs zeigt, welche Qualifikationen nötig sind, um die feste geistliche Speise der Schrift aufnehmen zu können. Feste Speise können diejenigen essen, deren geistliche Sinne dadurch geübt sind, daß sie die Unterscheidungsfähigkeit, die sie bereits haben, auch gebrauchen. Wer noch keine geistliche Sensibilität entwickelt hat, kann nur die Milch des Wortes Gottes aufnehmen.

Eines Abends während unserer Familienandacht wurde mir durch eine Äußerung einer meiner Söhne erneut deutlich, wie wichtig meine völlige Abhängigkeit vom Heiligen Geist ist. Mein ältester Sohn, der im Teenageralter ist, sagte zu meiner Frau Grace: »Ich werde nie so viel Zeit im Gebet zubringen wie Vater. Ich bin jung und stark. Ich brauche nicht so viel zu beten wie er. Warum sollte ich Gott bitten, mir bei allem zu helfen? Ich kann doch vieles selbst machen.«

Als ich diese Worte hörte, wurde ich von Erbarmen für meinen Sohn überwältigt. Darum sprach ich ganz ehrlich mit ihm.

»Du und deine Brüder, seht euren Vater an und hört mir gut zu«, sagte ich. »In Korea kennt jeder euren Vater, stimmt das?«

»Ja«, gaben sie zur Antwort.

»Euer Vater ist der Pastor der größten Gemeinde der Welt. Stimmt das?«

»Ja, das stimmt, Vater«, sagten sie im Chor.

»Nun, seht euch euren Vater an! Ich wäre einmal fast an Tuberkulose gestorben. Kein Arzt konnte mir helfen oder mich heilen. Euer Vater lebte in so großer Armut, daß er es sich nicht leisten konnte, in ein Krankenhaus zu gehen, um dort behandelt zu werden. Euer Vater mußte seine Ausbildung nach dem ersten Jahr auf der höheren Schule abbrechen. Er hat keine hohe soziale Stellung; er gehört keiner berühmten Familie an; er ist ein gewöhnlicher Mann, der mit nichts prahlen kann; menschlich gesehen hat euer Vater nichts, auf das ihr stolz sein könntet. Er hat kein Geld, keine hohe Position, keine Ausbildung. Aber ich habe mich auf den Herrn verlassen, und ihr könnt sehen, was er für mich getan hat. Wollt ihr das Geheimnis meines Erfolgs wissen? Ich habe mein Herz vor dem Herrn ausgeschüttet. Ich habe mich von ihm abhängig gemacht. Mit der Hilfe des Herrn habe ich mir selbst Bildung verschafft. Ich habe alle Bücher gelesen, die ich nur in die Hand bekommen konnte. Ich habe fleißig studiert und mir meinen Weg erbetet. Durch Gottes Gnade bin ich, was ich jetzt bin. Meine Söhne, wenn ihr euch nur auf eure eigene Kraft verlaßt, auf eure Ausbildung und eure menschliche Weisheit, dann werdet ihr in dem Schmutz dieser Welt versinken. Seid nicht so arrogant! Lernt, euch auf den Herrn zu verlassen, so wie ich es tue!«

Nachdem ich so zu meinen Söhnen gesprochen hatte, hatte ich nicht nur die Gewißheit, daß sie mich gehört, sondern auch, daß sie meine Worte verstanden hatten. Nachdem sie begriffen hatten, wie wichtig es ist, sich vollkommen auf den Herrn zu verlassen, veränderte sich nicht nur ihre Miene, sondern ihr ganzes Verhalten.

Wenn ich bete, brauche ich nicht nur zum Bibellesen Sensibilität, sondern auch, um die Gegenwart des Herrn zu erkennen. Manchmal, wenn ich bete und Gemeinschaft mit Gott habe, ist seine Gegenwart so spürbar nahe, daß ich das Gefühl habe, ich könnte Gott berühren. Wie erfrischt fühle ich mich, wenn ich Zeit mit meinem geliebten Herrn verbracht habe. Das Leben als Christ, besonders wenn man Pastor ist, kann fade und zur Routine werden, wenn man nicht diese Art der Gemeinschaft im Gebet hat.

Wenn Sie solche Gemeinschaft nicht kennen, dann sollten Sie am besten jetzt direkt anfangen, sie kennenzulernen. Legen Sie das Buch zur Seite und bitten Sie den Heiligen Geist, Ihnen die Gegenwart Christi zur Wirklichkeit werden zu lassen! Bitten Sie ihn, Ihnen ein neues Verständnis der Bibel zu schenken! Bitten Sie ihn, Sie in ein neues Leben der Gemeinschaft im Heiligen Geist zu führen!

Kapitel 3

Wie Gebet das Leben verändert

Gebet bewirkt Veränderung in Ihrem Leben. Nichts, was Sie tun könnten, kann Ihnen mehr Nutzen bringen als das Gebet. Durch das Gebet verschaffen Sie sich auf Ihrem »geistlichen Konto«, das Sie in Gottes Bank besitzen, ein Guthaben. Durch das Gebet profitieren Sie in allen Bereichen, geistlich, geistig und körperlich.

Gott hat uns Menschen wunderbar geschaffen. Er hat uns nach seinem Bild gemacht. Das Potential, das in uns liegt, ist viel größer als je ein Mensch es erkannt hat. Die Kapazität unseres Verstandes ist viel größer als der kleine Prozentsatz, den wir davon gebrauchen. Unser Körper kann sehr viel mehr aushalten und ist sehr viel stärker, als wir normalerweise annehmen. Unser Geist ist in der Lage, in viel reicherem Maße Gottes geistliche Segnungen zu erfahren. Gebet schafft eine Atmosphäre, in der sowohl unser Körper als auch unsere Seele gedeihen und stark werden können.

Der Stand des Gebetskontos

Seit dem Anfang der Geschichtsschreibung ist die Welt mit Literatur gesegnet worden. Ich habe mit Freude viel Literatur der westlichen Welt, besonders englischsprachige, gelesen. Nach meiner Meinung hat es keinen Schriftsteller gegeben, der eine Sache so gut ausdrücken konnte wie Shakespeare. Es gibt jedoch ein Stück Literatur, das mehr Bedeutung hat als sämtliche Literatur der Welt zusammengenommen. Dieses Werk der Literatur ist noch nicht fertiggestellt, sondern wird ständig erweitert. Gott schreibt dauernd noch mehr hinzu.

»Aber die Gottesfürchtigen trösten sich untereinander: Der Herr merkt und hört es, und es wird vor ihm ein Gedenkbuch geschrieben für die, welche den Herrn fürchten und an seinen Namen gedenken. Sie sollen, spricht der Herr Zebaot, an dem Tage, den ich machen will, mein Eigentum sein, und ich will mich ihrer erbarmen, wie ein Mann sich seines Sohnes erbarmt, der ihm dient« (Mal. 3,16-17).

Gott hat ein Buch geschrieben und schreibt es noch, das den Titel »Gedenkbuch« trägt. Diejenigen, die sich Zeit zum Nachdenken oder Nachsinnen nehmen, werden feststellen, daß Gott alles ganz genau aufschreibt. Sie und ich, wir können nur ahnen, welchen Reichtum an Gedanken über Gott einige besondere Männer in all den ungezählten Jahren hatten. Wir lieben die Schönheit der Psalmen, die David schrieb, wenn er über seine Beziehung zu Gott nachdachte. Doch was ist mit all den Gedanken, die nie aufgeschrieben wurden?

Im Neuen Testament lesen wir von dem Buch des Lebens. Paulus und Johannes, der eine im Philipperbrief, der andere in der Offenbarung, sprechen beide davon, wie wichtig es ist, daß unser Name im Buch des Lammes, im Buch des Lebens, aufgeschrieben ist. Christus, Gottes Lamm, führt eine genaue Liste derer, die gerettet sind.

Die Tatsache, daß bei Gott Bücher geschrieben werden, zeigt uns, daß Gott im geistlichen Bereich alles genau aufzeichnet. Nichts, was für Gott getan wird, ist jemals vergeblich. Wie oft vergessen wir, was Menschen für uns tun. Ich habe oft gesagt, daß das, was Menschen für uns tun, auf Wasser geschrieben ist; es verschwindet sehr schnell. Hingegen ist das, was Menschen gegen uns tun, auf Steintafeln geschrieben; man denkt oft daran.

Es ist für uns von großer Bedeutung, uns vor Augen zu halten, daß es jemanden gibt, der nichts vergißt — bis auf die Sünden, die vergeben und mit dem Blut Jesu Christi bedeckt sind. Darum sind auch unsere Gebete aufgehoben.

Wenn wir bei dem Bild des Gebetskontos bleiben, dann zeigt sich, wie wichtig Ausdauer im Gebet ist. Wir wissen nicht, wie lange wir beten müssen, bevor Gott unsere Gebete beantwortet. Daniel entdeckte, daß sein Gebet Gabriel half, den geistlichen Widerstand zu überwinden, dem er 21 Tage gegenüberstand. Gott hörte die Gebete und sammelte sie auf einem Konto.

In Lukas 11 können wir lesen, was Christus den Jüngern auf ihre Bitte »Lehre uns beten« antwortete. Christus erzählt seinen Jüngern eine Geschichte, um ihnen die Antwort deutlich zu machen. Ein Mann geht zu seinem Freund und bittet ihn, ihm drei Laibe Brot zu leihen. Die Bitte kommt zu einem sehr ungelegenen Zeitpunkt, der Freund hat sich schon zum Schlafen zurückgezogen. Da der Mann sich jedoch sonst keine Hilfe weiß, beharrt er auf seiner Bitte. Jesus sagt: »dann wird er doch wegen seiner Zudringlichkeit aufstehen und ihm geben, was er braucht« (Lk. 11,8).

Manche Gebete müssen sehr oft wiederholt werden, damit die Antwort darauf sichtbar wird. Ob der Grund dafür, daß das Gebet nicht sofort beantwortet wird, nun geistlicher Widerstand ist oder etwas anderes — uns ist jedenfalls gesagt, daß wir anhaltend beten sollen.

Geben Sie nie auf, für eine Not zu beten! Was wäre geschehen, wenn Daniel schon nach fünf oder zehn Tagen aufgegeben hätte? Denken Sie daran, daß Gott treu ist! Er wird Ihr Gebet hören! Er wird es beantworten, wenn Sie weiterbeten und nicht müde werden! Sorgen Sie dafür, daß das Guthaben auf Ihrem Gebetskonto groß wird.

Eine Frau in unserer Kirche hatte eine Tochter, die nicht gläubig war. Je mehr die Mutter betete, desto mehr schien die Tochter ihren weltlichen Freunden zu folgen. Dann hörte die Mutter mich über dieses Thema sprechen. Sie fing an, treu für ihre Tochter zu beten, und ließ sich von der Verschlechterung der Lage nicht mehr entmutigen. Eines Tages, während sie betete, wußte sie in ihrem Herzen, daß das Guthaben auf dem Konto groß genug war, um der geistlichen Not zu begegnen. In ihrem Innersten hatte sie das Zeugnis, daß Gott das Werk getan hatte. Wenige Tage danach kam die Tochter in die Kirche und gab ihr Herz Jesus. Jetzt dienen beide zusammen in Treue dem Herrn.

Gebet bringt Gesundheit

Trotz aller Fortschritte der modernen Medizin leiden die Menschen immer noch unter Krankheiten. Die Ärzte sagen heute, daß Herzkrankheiten und Krebs zu den häufigsten Todesursachen zählen. Sie sind sich auch einig, daß die meisten körperlichen Probleme durch Streß verursacht werden.

Viele Menschen haben Angst vor einer atomaren Katastrophe. Immer mehr Menschen auf der ganzen Welt, selbst solche, die in abgelegenen Gebieten wohnen, spüren den Druck, den das moderne Leben mit sich bringt. Was kann dem Menschen des 20. Jahrhunderts helfen, den Streß und die Sorgen zu überwinden, von denen er geplagt wird?

Die Antwort auf diese Frage ist nicht neu, aber in unserer Gesellschaft aufs äußerste vernachlässigt. Die Antwort ist Gebet!

Paulus schrieb der Gemeinde in Philippi: »Sorgt euch um nichts, sondern in allen Dingen laßt eure Bitten in Gebet und Flehen mit Danksagung vor Gott kommen! Und der Friede Gottes, der höher ist als alle Vernunft, wird eure Herzen und Gedanken bewahren in Christus Jesus« (Phil. 4,6-7).

Als Christen haben wir die Wahl. Wir können uns entweder Sorgen machen, oder wir können Gott vertrauen. Wir können uns in unserem Herzen oder in unseren Gedanken unentwegt mit den Sorgen dieser Welt beschäftigen, oder aber wir können beten. Welchen Vorteil bringt das letztere?

Das Gebet greift die Ursache an, nicht nur die Folgen. Wenn der Grund der meisten Krankheiten Sorgen sind, dann wird man am besten mit den Symptomen, die aus diesen Sorgen herrühren, fertig, indem man die Ursache angeht, das heißt, indem man die Sorgen los wird.

Paulus verrät den Philippern das Geheimnis eines Lebens ohne Sorgen. Das Geheimnis ist Gebet. Wenn Sie beten, legen Sie das Problem, das Ihnen Sorgen gemacht hat, in Gottes Hände. Durch Danksagung lassen Sie das Problem in Gottes Händen und widerstehen der Versuchung, es wieder an sich zu nehmen. Wenn Sie die Sorgen angehen, verschwinden die meisten Symptome mit der Zeit ganz von alleine.

Ein solches Leben wird als Folge einen Frieden mit sich bringen, der über alles menschliche Verstehen hinausgeht. Da Sie sich nun auf die ewige Kraftquelle verlassen, auf Ihren Vater im Himmel, brauchen Sie keine Angst mehr zu haben. Die Menschen in der Welt werden das nicht verstehen, weil es ihnen töricht erscheint.

Der Mensch von heute glaubt, daß er alles selbst machen muß. Wir sind die Generation der »Do it yourself«-Menschen. Sich auf jemand anderen zu verlassen, besonders auf Gott, wäre das letzte, was die Welt tun würde. Doch aus diesem Grund leiden mehr Menschen als je zuvor an Magengeschwüren, Herzattacken und Krebs. Wir können unser Leben jedoch in großem Frieden führen. Wenn wir dem Herrn im Gebet unsere Probleme geben, können wir ein gesundes Leben führen.

Das Ziel dieses ersten Teils war, Sie zum Gebet zu motivieren, so daß Sie anfangen zu beten, wie Sie es nie zuvor getan haben. Sie haben längst gewußt, daß Sie beten müssen, aber Sie hatten einfach nicht genug Zeit dafür. Sie hatten immer zu viel anderes zu tun.

Warum sollte ich dieses Buch über das Gebet schreiben, wenn ich nicht das Ziel hätte, Sie zum Beten zu motivieren? Ich brauchte mir nicht die vielen Monate Zeit zum Schreiben zu nehmen, wenn Sie das Buch einfach nur lesen, dann aber so weiterleben würden wie bisher. Darum hat der Herr mir gezeigt, daß ich Ihnen einige Dinge weitergeben sollte, die Sie zum Beten motivieren würden.

Sie haben gesehen, wie das Gebet Kraft in Ihr Leben bringt. Sie haben erkannt, daß Sie mehr Kraft brauchen, um die neuen und immer komplexeren Angriffe Satans abzuwehren, mit denen er uns heute bekämpft.

Gemeinsam haben wir ergründet, warum der Feind Gottes Volk angreift. Wir haben auch gesehen, auf welche Weise wir Satans Angriffe überwinden können.

Gebet weckt in uns geistliches Verständnis. Wenn Sie beten, werden Sie sich in allen Bereichen Ihres Lebens der geistlichen Realität bewußter sein als zuvor.

Das Gebet ist auch die Tür zu engerer Gemeinschaft mit dem Heiligen Geist. Wir lernen nur, unsere Gabe besser auszuüben, wenn wir lernen zu beten. Jeder von uns hat eine Gabe des Geistes empfangen, und wir müssen lernen, sie einzusetzen. Das Gebet ist der Weg, um dies zu lernen.

Wir haben uns das Gebetskonto angesehen, das wir errichten können. Wenn wir anhaltend beten, werden unsere Gebete beantwortet werden.

Gebet ist der Schlüssel, um gesund zu bleiben! Welch ein Segen ist es, nicht der Heilung zu bedürfen, weil man gesund ist.

Wir alle sind so geschaffen, daß wir uns die Dinge wünschen, die wir als vorteilhaft erkennen. Um Sie zum Beten zu motivieren, habe ich Ihnen gezeigt, welch ein Segen das Gebet für Ihren Geist, Ihre Seele und Ihren Leib bedeutet.

Nun sind Sie vorbereitet, den nächsten Teil dieses Buches in sich aufzunehmen: die drei Arten des Gebets. Im folgenden Teil werden Sie die drei verschiedenen Arten des Gebets kennenlernen und erfahren, wie Sie diese erfolgreich anwenden können.

Wenn Sie nicht wissen, welche verschiedenen Arten des Gebets es gibt, dann werden Sie manche Bibelstellen, die vom Gebet handeln, nicht verstehen können.

Warum werden manche Gebete so schnell beantwortet und bei anderen dauert es so lange? Warum sollen wir Gott um Dinge bitten, von denen er doch weiß, daß wir sie brauchen?

Die Antworten auf diese und andere wichtige Fragen werden im folgenden Teil behandelt.

Teil II

Die drei Arten des Gebets

EINFÜHRUNG

Um die drei Arten des Gebets zu verstehen, müssen wir sie uns im Zusammenhang mit der Lehre Jesu ansehen. Es gibt in den Evangelien keine Stelle, die klarer von diesen Gebetsarten spricht als das 11. Kapitel des Lukasevangeliums.

»Jesus verweilte einmal an einem Ort und betete. Als er aufgehört hatte, bat ihn einer seiner Jünger: Herr, lehre uns beten, wie auch Johannes seine Jünger gelehrt hat. Er aber sagte zu ihnen: Wenn ihr betet, so sprecht: Vater! Dein Name werde geheiligt. Dein Reich komme. Dein Wille geschehe auf Erden wie im Himmel. Unser tägliches Brot gib uns Tag für Tag. Und vergib uns unsre Sünden; denn auch wir vergeben allen, die an uns schuldig werden. Und führe uns nicht in Versuchung, sondern erlöse uns von dem Bösen. Und er sagte zu ihnen: Wenn jemand von euch einen Freund hat und um Mitternacht zu ihm geht und zu ihm sagt: Lieber Freund, leih mir drei Brote; denn ein Freund von mir ist auf der Reise zu mir gekommen, und ich habe nichts, was ich ihm vorsetzen kann; würde der drinnen etwa antworten: Mach mir keine Unruhe! Die Tür ist schon zugeschlossen, und meine Kinder liegen schon mit mir zu Bett; ich kann nicht aufstehen und dir etwas geben. Ich sage euch: Und wenn er schon nicht aufsteht und ihm deshalb etwas gibt, weil er sein Freund ist, dann wird er doch wegen seiner Zudringlichkeit aufstehen und ihm geben, was er braucht. Darum sage ich euch: Bittet, so wird euch gegeben; sucht, so werdet ihr finden; klopft an, so wird euch aufgetan« (Lk. 11,1-9).

Das, was üblicherweise das »Vaterunser« genannt wird, findet sich auch noch in einem anderen Zusammenhang wieder, in Matthäus 6. Dort spricht Christus jedoch von der Motivation zum Beten, nicht von den verschiedenen Arten des Gebets. In Matthäus lehrt uns Jesus, daß wir unsere Frömmigkeit nicht vor den Menschen zur Schau stellen sollen, um von ihnen bewundert zu werden. Wir sollen uns dagegen im Gebet allein auf die Bewunderung unseres Vaters im Himmel konzentrieren.

Der Zusammenhang von Lukas 11 setzt den Rahmen für eine klare Lehre über das Gebet. Jesus war an einen Ort gegangen, wo er sehr gerne verweilte. Er hatte dort gute Freunde. Betanien war ein kleines Dorf auf dem Ölberg, gerade außerhalb von Jerusalem. Maria, Martha und Lazarus, den Christus später von den Toten auferweckte, wohnten in Betanien. Auch Simon, der Aussätzige, in dessen Haus Christus gesalbt werden sollte, wohnte dort. Die Nacht vor seinem königlichen Einzug nach Jerusalem verbrachte Jesus in Betanien. Der Ort, von wo aus Jesus in den Himmel aufgenommen wurde, lag ganz in der Nähe von Betanien. Ich brauche wohl kaum zu sagen, daß wir alle Orte haben, wo wir uns wohl fühlen. Ich glaube, für unseren Herrn war Betanien ein solcher Ort.

An jenem Abend ging Jesus wahrscheinlich in den Garten hinter dem Haus, um zu beten. Die Jünger beobachteten, daß er eine besondere Art zu beten hatte, und sie wünschten sich, dasselbe Gebetsleben zu führen wie ihr Herr. Darum baten sie ihn: »Herr, lehre uns beten.«

Als Pastor habe ich von Anfang meines Dienstes an gelernt, daß ich nur dann in meinen Gemeindegliedern das Verlangen, zu beten, wecken kann, wenn ich selbst bete. Wenn ich nicht selbst ein Leben des Gebets führte, hätte ich auch keine betende Gemeinde, und ganz sicherlich würde ich dann nicht inmitten einer Erweckung leben. Erst nachdem die Jünger das Beispiel ihres Herrn gesehen und ihren Wunsch ausgedrückt hatten, zu lernen, waren sie dafür offen, daß Jesus sie das Beten lehrte.

In seiner Lehre gab unser Herr den Jüngern nicht nur eine Gebetsformel, sondern er zeigte ihnen die grundlegenden Prinzipien des Gebets. Er lehrte sie, daß das Gebet mit Lob beginnen sollte: »Geheiligt werde dein Name!« Er lehrte auch, daß wir mit Erwartung beten sollen: »Dein Reich komme, dein Wille geschehe!« Das Gebet sollte auch Bitten enthalten: »Unser tägliches Brot gib uns Tag für Tag.« Auch das Bekenntnis sollte ein wesentlicher Bestandteil des Gebets sein: »Vergib uns unsere Sünden.« Jesus erklärte als nächstes, wir sollten darauf vertrauen, daß Gott in der Lage ist, uns zu schützen: »Laß nicht zu, daß wir an den Ort der Versuchung kommen, sondern erlöse uns von dem Bösen« (meine Umschreibung des Originaltextes).

Die drei Arten des Gebets werden in Vers 9 aufgeführt. Sie werden als drei Verheißungen dargestellt. Bittet, so wird euch gegeben! Sucht, so werdet ihr finden! Klopft an, so wird euch aufgetan!

Wenn man das Wort der Wahrheit, die Schrift, auslegt, kann man der Gefahr erliegen, einzelne Aussagen überzubetonen. Natürlich gibt es Überschneidungen, wenn wir uns nun die drei Arten des Gebets ansehen: die Bitte, die Hingabe, die Fürbitte. Doch sind die Unterschiede in Lukas 11 klar zu erkennen.

Kapitel 4

Gebet ist Bitte

Wenn wir beten, müssen wir lernen, zu bitten! Obwohl es stimmt, daß Gott alles weiß, dürfen wir nicht in die Haltung verfallen, es sei nicht mehr nötig, irgend etwas von Gott zu erbitten, weil er ja bereits weiß, was wir brauchen. Aus einem Vers im Matthäusevangelium haben einige die Schlußfolgerung gezogen, daß wir nicht bitten sollen: »Darum macht es nicht wie sie. Denn euer Vater weiß, was ihr nötig habt, bevor ihr ihn bittet« (Mt. 6,8).

Es ist jedoch äußerst wichtig zu sehen, in welchem Zusammenhang dieser Vers steht. Jesus begann, indem er sagte: »Und wenn ihr betet, sollt ihr nicht viel plappern wie die Heiden; denn sie meinen, sie werden erhört, wenn sie viele Worte machen« (Mt. 6,7). Jesus bezieht sich hier also auf das rituelle Wiederholen derselben Gebete. Wie wir später sehen werden, will er damit nicht sagen, daß wir nicht bitten sollen; im Gegenteil, er möchte, daß wir unseren Vater von ganzem Herzen bitten.

Gott zu bitten — das ist eine Grundlage des Gebets! Gott ist unser Vater; und als Vater hat er Freude daran, seinen Kindern etwas zu geben. Ein Kind hat in seiner Familie bestimmte Rechte. Gottes Sohn, Jesus Christus, hat uns ausdrücklich geboten: »Wahrlich, wahrlich, ich sage euch: Wenn ihr den Vater in meinem Namen um etwas bittet, wird er's euch geben. Bisher habt ihr in meinem Namen noch nie um etwas gebeten. Bittet, so werdet ihr empfangen, damit eure Freude vollkommen werde« (Joh. 16,23-24).

In Vers 27 zeigt Jesus, warum dies so ist: »Denn er selbst, der Vater, hat euch lieb, weil ihr mich liebt und glaubt, daß ich von Gott ausgegangen bin.« Der Vater liebt uns, weil wir an seinen Sohn glauben. Darum haben wir teil am Erbe des eingeborenen Sohnes Gottes.

Gott ist ein guter Gott! Er möchte uns alles Gute geben, wenn wir ihn nur darum bitten. »Wenn schon ihr, die ihr doch böse seid, dennoch euren Kindern gute Gaben geben könnt, wieviel mehr wird euer Vater im Himmel denen Gutes geben, die ihn darum bitten« (Mt. 7,11).

Christus kam in diese Welt, um dem gefallenen Menschen Erlösung und Wiederherstellung zu schenken. Als Christus am Kreuz hing, vollbrachte er das Werk, das nötig war, um die Menschheit wieder zu vollkommener Gemeinschaft mit Gott zu führen. Paulus schreibt: »Denn Gott versöhnte in Christus die Welt mit sich selbst und rechnete ihnen ihre Sünden nicht an und hat unter uns das Wort von der Versöhnung aufgerichtet« (2. Kor. 5,19). Aufgrund des Versöhnungswerks des Vaters haben wir alle die Möglichkeit der Erlösung. Die Errettung muß jedoch überall gepredigt werden, bis an die Enden der Erde, so daß alle Menschen die Chance haben, das Evangelium anzunehmen oder abzulehnen — die Gute Nachricht, daß der Preis bezahlt ist und daß alle Menschen direkten Zugang zu Gott haben. Um den großen Segen der Erlösung zu empfangen, muß man jedoch darum bitten. Wir müssen Buße tun und Christus bitten, uns die Sünden zu vergeben. Wir müssen Christus bitten, in unser Herz zu kommen. Obwohl die Gabe der Erlösung für jeden da ist, können wir sie nur durch Bitten empfangen.

Auch die Fülle des Heiligen Geistes steht uns zur Verfügung. Wir brauchen einfach nur darum zu bitten: »Wieviel mehr wird der Vater im Himmel denen den heiligen Geist geben, die ihn darum bitten!« (Lk. 11,13). So können wir die Gabe der Erlösung, die Fülle des Heiligen Geistes — so wie alle anderen Gaben — durch das bittende Gebet empfangen.

Jakobus sagt, daß Gott keinen zurückweist, der ihn um Weisheit bittet, sondern daß er gerne gibt — solange wir im Glauben bitten (Jak. 1,5). Die Gaben des Heiligen Geistes stehen dem zur Verfügung, der darum bittet. Heilung, Befreiung, Wohlstand und Segen — alles muß erbeten werden. Wir haben auch das Recht, um Erweckung zu bitten. »Bittet den Herrn, daß es regne zur Zeit des Spätregens, so wird der Herr, der die Wolken macht, euch auch Regen genug geben . . .« (Sach. 10,1). Der Segen Gottes gehört uns, wenn wir bitten. Wir können Gottes Segen, der in Sacharja als Regen beschrieben wird, erfahren, weil Gott uns geboten hat, um diesen Segen zu bitten.

Es ist offensichtlich, daß Gott seinen Kindern wirklich geben will. Jedoch müssen wir uns aktiv daran beteiligen: Wir müssen bitten.

Was bedeutet es, zu bitten? Wie können wir die Erhörung unserer Bittgebete erfahren?

Es gibt vier Bedingungen, die erfüllt sein müssen, damit wir die Gewißheit haben, daß die Bitten, die wir als Christen aussprechen, positiv beantwortet werden:

1. Wir müssen im Glauben bitten! Gott einfach nur um bestimmte Dinge zu bitten, gibt uns nicht die Gewißheit der Erhörung. »Und alles, worum ihr im Gebet bittet, werdet ihr empfangen, wenn ihr nur glaubt!« (Mt. 21,22).

2. Wir müssen in Christus bleiben, in der Beziehung mit ihm! »Wenn ihr in mir bleibt und meine Worte in euch bleiben, werdet ihr bitten, was ihr wollt, und es soll euch zuteil werden« (Joh. 15,7). Wenn wir im Gebet bleiben, werden wir geistlich wachsen, so daß Gottes Wünsche zu unseren werden. Deshalb kann Gott uns diesen geistlichen Blankoscheck anvertrauen.
3. Unsere Motive müssen sauber sein! »Ihr bittet und empfangt nichts, weil ihr in böser Absicht bittet, nämlich weil ihr's in eurer Gier verzehren wollt« (Jak. 4,3). Es ist Gottes Wunsch, uns alle guten Dinge zu geben, das wissen wir. Doch steht hinter sehr vielen Bitten reine Selbstsucht. Gott möchte, daß hinter unseren Bitten die Absicht steht, daß er verherrlicht wird.
4. Wir müssen in Übereinstimmung mit dem Willen Gottes bitten! Heißt das, daß wir uns fragen sollten, ob Gott uns heilen will, bevor wir um Heilung beten? Nein! Deshalb ist Bibelkenntnis so wichtig. Die Bibel sagt uns, was Gottes Wille ist. Wenn wir um etwas bitten, was Gott uns verheißen hat, dann wissen wir mit Sicherheit, daß wir in Übereinstimmung mit Gottes Willen beten: »Das ist die Zuversicht, die wir Gott gegenüber haben: Wenn wir um etwas bitten nach seinem Willen, dann hört er uns. Und wenn wir wissen, daß er unsre Bitten hört, wissen wir auch, daß wir erhalten, was wir von ihm erbeten haben« (1. Joh. 5,14-15).

Wie beantwortet Gott unsere Bitten?

Gott gibt uns nicht nur das, was wir brauchen, sondern er gibt uns viel mehr. Das entspricht seinem Wesen. »Mein Gott aber wird all euren Mangel ausfüllen nach seinem Reichtum in Herrlichkeit in Christus Jesus« (Phil. 4,19). Gottes Reichtümer sind unbegrenzt. So füllt er all unseren Mangel aus. Gott hat alles nur erdenklich Gute. Er hat ein ganzes Lagerhaus voll. Wenn wir nur lernen würden, dieses Lagerhaus zu öffnen! Wir müssen wissen, wie wir bitten sollen.

Ich lernte diese Grundsätze in der Anfangszeit meines Dienstes. Ich forschte in der Bibel und entdeckte, daß Gott ein guter Gott ist. In der Zeit nach dem Koreakrieg, als eine äußerst schwierige Wirtschaftslage herrschte, begann ich in der ärmsten Gegend meinen Dienst. Ich lernte zu fasten — nicht weil ich so geistlich war, sondern weil ich nichts zu essen hatte! Doch durch Gebet und Bibelstudium erkannte ich, daß Gott nicht nur der Gott Amerikas und Europas ist. Sondern Gott ist der Gott eines jeden, der lernen will, auf ihn zu vertrauen.

Ich habe diese Geschichte schon oft erzählt, aber jedesmal bin ich wieder überrascht, wie viele sie noch nie gehört haben. Die Geschichte ist ein gutes Beispiel dafür, wie wir eine Gebetserhörung erleben können.

Als ich meinen Dienst als Pastor begann, war ich noch unverheiratet; darum wohnte ich in einem kleinen Zimmer. Im Winter wickelte ich mich in Decken ein, weil ich keine Heizung hatte. Ich wußte, was in der Bibel über Gottes Reichtum gesagt wird, und ich predigte auch darüber. Ich befand mich jedoch in einer mißlichen Lage. Wenn Gott so gut war, wenn er so große und unerschöpfliche Reichtümer besaß, warum war ich dann so arm? Dies ist eine Frage, die viele Menschen, besonders in den Entwicklungsländern, stellen.

Ich machte mir klar, daß ich drei Dinge brauchte. Da ich nicht die Möglichkeit hatte, meine Gemeindemitglieder zu besuchen, brauchte ich ein Fahrrad. Auch wußte ich nicht, worauf ich meine Bibel legen sollte, darum brauchte ich einen Schreibtisch. Und im Zusammenhang mit dem Schreibtisch entschloß ich mich, um einen Stuhl zu bitten. Diese drei Dinge erscheinen uns heute selbstverständlich; doch vor 25 Jahren besaß in unserer Gegend kaum jemand einen dieser Gegenstände.

In vollkommenem Vertrauen bat ich nun meinen Vater im Himmel um diese drei Dinge: einen Stuhl, einen Schreibtisch und ein Fahrrad. Monat um Monat trug ich Gott diese Bitten vor in dem Glauben, daß ich nur lange genug um dasselbe bitten müßte, damit Gott es hören und mir geben würde, worum ich gebeten hatte. Nach sechs Monaten jedoch verließ mich der Mut. »Gott, ich weiß, daß Zeit für dich ohne Bedeutung ist. Aber ich brauche diese Dinge jetzt. Vielleicht hast du vor, noch lange mit der Antwort zu warten. Aber wenn du zu lange wartest, bin ich tot und brauche die Sachen nicht mehr.« So betete ich voll Verzweiflung.

Da hörte ich eine leise Stimme in mir: »Mein Sohn, vor sechs Monaten, als du zum ersten Mal darum gebeten hast, habe ich dich schon gehört.«

»Aber warum hast du mir die Dinge dann nicht gegeben?« fragte ich.

»Du hast mich doch um ein Fahrrad gebeten, oder?« fuhr Gott fort. »Aber es gibt so viele verschiedene Fahrradmarken. Welche möchtest du denn? Auch Schreibtische gibt es in vielen Ausführungen und aus verschiedenem Holz. Was für einen Schreibtisch möchtest du denn? Es gibt auch sehr viel verschiedene Stühle. Was für einen Stuhl möchtest du?« Diese Worte, die Gott an jenem Abend zu mir sprach, veränderten mein ganzes Leben.

So bat ich nun Gott um drei konkrete Dinge: Um ein Fahrrad, das in den USA hergestellt war. Es gab damals nur drei Fahrradtypen, aber die amerikanischen waren am robustesten. Ich bat um einen Schreibtisch aus philippinischem Mahagoni. Als letztes bat ich um einen Stuhl, aber nicht um irgendeinen, sondern um einen mit Rädern, damit ich wie ein »großer Boß« in meinem Zimmer herumrollen konnte. Innerhalb von zwei Wochen bekam ich ein amerikanisches Fahrrad, das dem Sohn eines Missionars gehört hatte. Es war fast nicht benutzt. Ich bekam meinen Schreibtisch aus philippinischem Mahagoni und dazu einen Stuhl. Natürlich waren kleine Räder darunter.

Es gibt noch eine sehr amüsante Begebenheit im Zusammenhang mit dieser Geschichte. Sie ereignete sich, bevor ich die drei Dinge bekam. Eines Sonntags predigte ich über Römer 4,17: »Wie geschrieben steht: Ich habe dich (Abraham) zum Vater vieler Völker gesetzt, unser Vater nämlich vor Gott, dem er geglaubt hat, der die Toten lebendig macht und was nicht ist ins Dasein ruft.« Während der Predigt hörte ich mich selbst plötzlich mit großer Gewißheit sagen: »Ich habe ein Fahrrad, einen Stuhl und einen Schreibtisch bekommen!« Dann beschrieb ich ausführlich, wie alle drei Sachen aussahen.

Drei junge Männer, die inzwischen auch im Dienst stehen, fragten mich nach dem Gottesdienst: »Herr Pastor, können wir diese drei Geschenke sehen, die Sie von Gott bekommen haben?« Verständlicherweise waren sie neugierig, denn in jener Gegend war es etwas sehr Ungewöhnliches, wenn jemand auch nur eins von diesen drei Dingen besaß.

Auf dem Heimweg zerbrach ich mir den Kopf darüber, was ich den jungen Männern sagen sollte, wenn sie mein leeres Zimmer sahen. Als ich die Tür öffnete, beobachtete ich, wie sie sich in dem kahlen kleinen Raum nach einem Fahrrad, Schreibtisch und Stuhl umsahen. »Darf ich etwas fragen?« sagte schließlich einer von ihnen. »Wo sind denn die Sachen?« Er war völlig perplex.

»Hier!« rief ich aus und zeigte auf meinen Bauch. »Wo?« fragten sie alle auf einmal.

»Hier, genau hier«, sagte ich und zeigte erneut auf meinen Bauch.

»Ich will es euch erklären, indem ich euch eine Frage stelle«, fuhr ich ganz ruhig fort, selbst überrascht von meiner Antwort. »Wo wart ihr, bevor ihr geboren wurdet?«

»Im Bauch meiner Mutter«, antwortete mir schließlich einer von ihnen.

»Richtig! Hat es euch also schon gegeben, bevor ihr geboren wurdet, oder nicht?« fragte ich weiter. Ich sah, daß ihnen langsam ein Licht aufging.

»Ja, natürlich waren wir schon vorher im Bauch unserer Mutter.«

»Aber keiner konnte euch sehen«, sagte ich mit einem Lachen und erklärte ihnen dann, in welchen Umständen ich mich befand. »Ja, ich bin auch schwanger! Ich trage einen Stuhl, einen Schreibtisch und ein in Amerika hergestelltes Fahrrad unter meinem Herzen!« rief ich stolz aus und sah, wie der erstaunte Blick auf dem Gesicht der jungen Männer einem Lachen wich.

»So, so, Herr Pastor, Sie sind also schwanger!« sagten sie und lachten laut.

Ich bat sie sehr, keinem davon zu erzählen, aber die Schwangerschaft eines Mannes konnte nicht verborgen bleiben. Überall in der Nachbarschaft verbreitete sich die Nachricht, der Pastor sei schwanger. Wenn ich vorüberging, sahen mich die Frauen an und grinsten. Die kleinen Kinder kamen und legten ihre Hände auf meinen Bauch, um das Fahrrad zu fühlen.

Doch als Gott durch ein Wunder alle drei Bitten erfüllte, war ich derjenige, der lachte. Gott lehrte mich, ganz konkret zu bitten. Das ist entscheidend für das Gebet des Glaubens. Beten Sie nicht allgemein! Machen Sie sich klar, was Sie brauchen, und schreiben Sie es auf! Sagen Sie Gott in allen Einzelheiten, um was Sie ihn bitten! Und dann beginnen Sie, zu bekennen, daß Sie es schon empfangen haben! Vielleicht mögen Sie das nicht vor anderen Menschen tun, aber fangen Sie an, Gott zu danken und zu bekennen, daß er Sie erhört! Denken Sie daran, daß Gott uns das, um was wir ihn im Glauben bitten, geben wird.

Es ist von Bedeutung, daß Gott diese Grundsätze einem Pastor eines kleinen Landes gezeigt hat. Normalerweise predigen nur Pastoren aus westlichen Ländern über Gottes Reichtum und darüber, daß er all unseren Mangel ausfüllen will. Aber ich kann bezeugen, daß Gott dies für jeden Mann und jede Frau tun kann, die ihn in Übereinstimmung mit der Heiligen Schrift bitten.

Wie oft ist unser Glaube begrenzt durch unsere jeweilige wirtschaftliche und soziale Lage. Darum ist es so wichtig, daß wir Gott bitten, unsere Träume und Visionen, die die Sprache des Heiligen Geistes sind, wachsen zu lassen. Je größer unsere Vision ist, in um so größerem Maße können wir erleben, wie Gott uns versorgt.

Winston Churchill hat einmal gesagt, daß bedeutende Männer aus bedeutenden Ländern kommen, in bedeutenden Zeiten leben und bedeutende Aufgaben vollbringen müssen. Normalerweise ist dies richtig. Aber Jesus Christus, Gottes Sohn, kam aus einem kleinen und schwachen Land, aus Israel. Zur Zeit, als unser Herr lebte, unterstand Israel dem Römischen Reich. Obwohl Jesus das größte Werk vollbrachte, spielte Israel damals keine bedeutende Rolle in der Weltgeschichte. Aber Jesus ist selbst der Brennpunkt der Weltgeschichte.

Ganz gleich, wer Sie sind, Gott kann durch Sie Großes wirken! Ihr Leben kann Ihr Land und die Welt verändern — wenn Sie das Geheimnis des bittenden Gebets kennen.

Salomon sagt: »Das Geschenk des Menschen schafft ihm Raum und bringt ihn zu den großen Herren« (Spr. 18,16). Gott möchte Ihnen viel mehr geben, als Sie sich erträumen oder ausdenken könnten. Bitten Sie Gott, Ihnen das Geschenk zu geben, das in Ihrer Situation die größte Auswirkung hat. Seien Sie nicht zufrieden mit dem Status quo! Ich kam aus einer armen Familie und aus einem armen Land, meine ganze Umgebung war arm. Und doch habe ich nie Mühe gehabt, zu großen Männern zu kommen (groß in den Augen der Welt). Das Geschenk, das Gott mir in seiner Gnade gegeben hat, hat mich vor Könige, Königinnen, Präsidenten und führende Persönlichkeiten der Welt gebracht.

Wenn Gott das für mich tun kann, dann kann er es auch für Sie tun! Selbst wenn Sie in einem armen lateinamerikanischen Land leben, kann Ihr Leben Einfluß auf dieses Land und die ganze Welt haben. Egal, in welcher Lage Sie sich befinden, es kann Gottes Wunsch sein, Sie in einem mächtigen Feuer der Erweckung zu gebrauchen, das sich über Afrika, Asien oder Europa ausbreiten wird; und Sie werden empfangen!

Kapitel 5

Gebet ist Hingabe

Gott sagte Mose: »Wenn du aber dort den Herrn, deinen Gott, suchen wirst, so wirst du ihn finden, wenn du ihn von ganzem Herzen und von ganzer Seele suchen wirst« (5. Mose 4,29).

Der Mensch ist mit dem Verlangen nach Gemeinschaft mit Gott geschaffen worden. In uns gibt es eine Leere, die durch nichts anderes ausgefüllt werden kann als durch Gemeinschaft mit Gott. Was immer ein Mensch auch erlangen mag, nichts kann die Gemeinschaft ersetzen, auf die hin der Mensch in seinem Wesen angelegt ist — die seinem Leben Sinn gibt und das Zentrum seiner Seele ernährt.

Gott erschuf Adam und gab ihm den Lebensatem. Als erstes wurde sein Körper erschaffen, danach empfing er den Geist. Adam war in der Lage, mitten im Garten, in der Abendkühle, mit Gott Gemeinschaft zu haben. Durch die Sünde verlor der Mensch diese Fähigkeit. Aber Gott verlangte immer noch danach, Gemeinschaft mit dem Menschen zu haben, darum erwählte er Abram. Abram wurde der Vater (Abraham) der Gläubigen, die erneut die Möglichkeit haben würden, in Gemeinschaft mit Gott zu leben.

Dann offenbarte Gott seine Gegenwart auf der Erde im Heiligtum des Mose. Abgesehen von wenigen Ausnahmen durfte jedoch nur der Hohepriester den dritten Teil des Heiligtums betreten, der das Allerheiligste genannt wurde.

Als David schließlich öffentlich als König anerkannt war, bestand seine erste Handlung darin, daß er die Bundeslade, das Symbol der Gegenwart Gottes, wieder nach Israel zurückholte. Doch sollte er sie nicht in Moses Zelt stellen, sondern Gott sagte, David solle in Zion ein Zelt errichten, an dem Ort, wo David selbst wohnte: »Denn der Herr hat Zion erwählt, und es gefällt ihm, dort zu wohnen« (Ps. 132,13). In Zion würde Gott direkten Zugang zu Israel haben und Gemeinschaft mit ihm.

Doch erneut erstarrte das religiöse Leben Israels zum bloßen Ritual. Noch einmal ergriff Gott die Initiative, um die Gemeinschaft mit dem Menschen wiederherzustellen: Er kam in der Person Jesu Christi in die Welt.

Im Zeitalter der Kirche hat Gott uns den Heiligen Geist gegeben, der uns in die Gemeinschaft mit dem Vater und dem Sohn führt. Jesus sagt: »Er wird mich verherrlichen; denn von dem, was mein ist, wird er's nehmen und euch verkündigen. Alles, was der Vater hat, das ist mein. Darum habe ich gesagt: Er wird's von dem nehmen, was mein ist, und euch verkündigen« (Joh. 16,14-15). Jesus erklärt weiter: »Wer mich aber liebt, der wird von meinem Vater geliebt werden, und ich werde ihn lieben und mich ihm offenbaren« (Joh. 14,21). Und dann, in Vers 23, sagt er: »Wer mich liebt, der wird meine Worte halten; und mein Vater wird ihn lieben, und wir werden zu ihm kommen und Wohnung bei ihm nehmen.«

Das bittende Gebet ist wichtig, damit wir empfangen, was wir von Gott brauchen. Aber Beten ist mehr als nur Bitten. Jesus sagt: »Sucht, so werdet ihr finden!« Gott ist kein »Lagerhaus«, aus dem wir alles bekommen können, was wir brauchen, ganz gleich, wie edel unsere Motive dabei sind. Er ist ein lebendiges Wesen und verlangt nach Gemeinschaft mit uns: »Aber es kommt die Zeit, ja sie ist schon da, in der die wahren Anbeter den Vater im Geist und in der Wahrheit anbeten werden; denn auch der Vater will Menschen haben, die ihn so anbeten« (Joh. 4,23).

So ist die nächste Ebene nach dem »Bitten« das »Suchen«. Das nimmt dem Bitten in keiner Weise seinen Wert. Das Größere macht das Geringere nicht wertlos, sondern das Geringere ist vielmehr immer im Größeren miteingeschlossen!

Der Apostel Paulus führte sein Leben im Gebet, in ständiger Gemeinschaft mit Christus. Der Gemeinde in Philippi bezeugt er: »Aber was mir Gewinn war, das habe ich um Christi willen für Schaden erachtet. Ja, ich achte es noch alles für Schaden gegenüber der überschwenglichen Erkenntnis Christi Jesu, meines Herrn. Um seinetwillen ist mir das alles ein Schaden geworden, und ich achte es für Dreck, damit ich Christus gewinne« (Phil. 3,7-8). Wie konnte Paulus Christus gewinnen? Die Erlösung ist Gottes Gabe, durch den Glauben und durch Gnade. Das, worauf sich Paulus in Philipper 3 bezieht, ist mehr als die Erfahrung, daß wir bei unserer Errettung Christus in unser Herz aufnehmen. Paulus spricht hier von einer tiefen Gemeinschaft mit Christus. Diese Art des Gebets wird nicht einfach geschenkt, man muß danach suchen, es verlangt Anstrengung. Was empfing Paulus durch diese Art des Gebets? In Vers 10 gibt er die Antwort: »Ich möchte ja ihn erkennen und die Kraft seiner Auferstehung und die Gemeinschaft seiner Leiden und so seinem Tode gleichgestaltet werden.« Und in Vers 14: Ich »jage auf das Ziel zu, den Siegespreis der himmlischen Berufung Gottes in Christus Jesus.«

In Vers 15 fordert Paulus uns auf: »Wir alle, die wir vollkommen sind, wollen so gesinnt sein . . .« Paulus offenbart in diesem letzten Vers, wie sich geistliche Reife zeigt: in dem Verlangen, die geistliche Ebene zu erreichen, auf der wir in enge Gemeinschaft mit Christus treten können.

Gott ist Liebe. Liebe verlangt nach Gemeinschaft und Nähe. So verlangt auch Gottes Wesen nach Gemeinschaft. Und er hat uns das Vorrecht gegeben, ihm diese Gemeinschaft geben zu können.

Ich brauche keinen Wecker, um jeden Morgen um kurz vor fünf aufzuwachen. Ich höre einfach, wie es an der Tür meines Herzens klopft, und dadurch wache ich automatisch auf. Dann höre ich, wie der Herr sagt: »Cho, komm, das ist unsere Zeit. Mich verlangt danach, jetzt mit dir zusammenzusein.« Aber diese ständige Gemeinschaft mit Christus habe ich nicht einfach durch Bitten empfangen.

Was suchen wir?

Wir sollen den Herrn suchen, denn alles, was kostbar ist, liegt in ihm verborgen: »In ihm liegen alle Schätze der Weisheit und der Erkenntnis verborgen« (Kol. 2,3).

Im Kolosserbrief vergleicht Paulus die Kirche mit einem Acker, in dem große Schätze verborgen liegen. Diese Schätze sind jedoch nicht materieller, sondern geistlicher Art: Weisheit und Erkenntnis.

Wenn junge Christen beten, nähern sie sich Gottes Thron oft nur in Zeiten der Not. Sie kommen zu Gott, um ihn um etwas zu bitten. Das ist gut und wichtig. Gott will, daß wir ihn bitten. Für viele ist Christus jedoch nur wie ein Geschäft, zu dem sie mit ihrer Einkaufsliste kommen, um alles Nötige zu besorgen. Aber in Christus wartet viel mehr auf uns; in ihm liegen Schätze verborgen, alle großen Geheimnisse, die Schätze der Erkenntnis, die Quelle der vollkommenen Freude, die Liebe selbst. Wer weise ist, verkauft alles und kauft den Acker, damit er den Schatz erwirbt.

Mose sagte: »Was verborgen ist, ist des Herrn, unseres Gottes; was aber offenbart ist, das gilt uns und unsern Kindern ewiglich« (5. Mose 29,28). In der Bibel gibt es Aussagen, die für jeden zugänglich sind. Aber Gott will uns in so enge Gemeinschaft mit sich selbst führen, daß er uns an seinen verborgensten Schätzen der Weisheit und Erkenntnis teilhaben lassen kann. Ein Schatz wäre kein Schatz, wenn er leicht zu erlangen wäre. Darum müssen wir Gottes geistliche Schätze im Gebet suchen.

Vor vielen Jahren habe ich gelernt, daß ich mich bemühen muß, um die Schätze zu erlangen, die Gott mir geben möchte: »Ich liebe, die mich lieben, und die mich suchen, finden mich. Reichtum und Ehre ist bei mir, bleibendes Gut und Gerechtigkeit. Meine Frucht ist besser als Gold und feines Gold, und mein Ertrag besser als erlesenes Silber« (Spr. 8,17-19).

Ein fauler Christ ist nicht bereit zu suchen. Er erreicht nie die Fülle des Segens, in die Gott ihn hineinführen möchte. Es erfordert Disziplin und Bemühung, sein Leben in ständiger Gemeinschaft mit Gott zu führen. Ich bin Pastor der größten Gemeinde der Welt mit über 370 000 Mitgliedern. Ich habe extrem viel zu tun. Warum kommen so viele Menschen in meine Kirche? Liegt das nur am Zellgruppensystem? Obwohl das Zellgruppensystem das effektivste Mittel ist, durch das die meisten unserer Gemeindeglieder zu Christus gekommen sind, ist dies nicht der Hauptgrund dafür, daß sonntags Tausende von Menschen Schlange stehen, um in einem unserer sieben Gottesdienste Platz zu bekommen. Die Menschen kommen, um die Speise des Wortes Gottes zu empfangen. Woher empfange ich meine Predigten? Ich empfange sie von meinem Herrn im Gebet und in der engen Gemeinschaft mit ihm. Dies ist lebensnotwendig für alle weisen Christen: »Höret die Mahnung und werdet weise und schlagt sie nicht in den Wind! Wohl dem Menschen, der mir gehorcht, daß er wache an meiner Tür täglich, daß er hüte die Pfosten meiner Tore! Wer mich findet, der findet das Leben und erlangt Wohlgefallen vom Herrn« (Spr. 8,33-35).

Wenn Ihr Leben als Christ nicht spannend ist und keine Freude bringt, dann haben Sie nicht gelernt, den Herrn zu suchen. Wenn Sie durch das Lesen der Bibel nicht neue Einsichten in die geistliche Wirklichkeit bekommen, dann haben Sie vielleicht die zweite Ebene des Gebets noch gar nicht kennengelernt: Sucht, so werdet ihr finden!

Kapitel 6

Gebet ist Fürbitte

Gebet heißt, Gott zu bitten; Gebet heißt, ihn zu suchen, nach tiefer Gemeinschaft mit ihm zu streben; aber Gebet heißt auch, im Heiligen Geist vor Gott Fürbitte zu tun. Fürbitte ist also die dritte Ebene des Gebets, die Ebene, auf der wir Christi Last für einen Menschen, eine Situation oder Not irgendwo auf der Welt mittragen. Die Fürbitte ist die Ebene des Gebets, wo wir an Christi Leiden teilhaben.

Wenn ich im Heiligen Geist bete, weiß ich, daß ein Teil meiner Gebete für Menschen und Situationen in anderen Teilen der Welt ist. Ich kenne vielleicht nicht die konkrete Not, aber der Heilige Geist kennt sie — und er gebraucht mich, damit ich so lange bete, bis ich weiß, daß Gott in der Not geholfen hat.

Ein Freund von mir, ein Missionar, erzählte mir eine Geschichte des wunderbaren Handelns Gottes, die zeigt, wie wichtig die Fürbitte ist. Eine Gruppe von Missionaren befand sich auf dem Weg durch eine Wüste in Afrika. Ein Sturm kam auf und hinderte ihr Vorwärtskommen. Sie kamen vom Weg ab. Nach zwei Tagen war ihr Wasservorrat erschöpft. Hilflos wanderten sie in der Wüste umher und waren kurz vor dem Verdursten. Plötzlich stießen sie auf eine kleine Wasserstelle. Sie waren gerettet. Als sie später noch einmal an den Ort ihrer Rettung zurückkehrten, gab es dort keine Wasserstelle. In der Zeit der größten Not hatte jemand für sie gebetet, und Gott hatte ein Wunder vollbracht.

1964 traf ich eine Frau, die mir erzählte, wie sie in der Fürbitte für unsere Gemeinde eingetreten war. Nachdem ich meine erste Gemeinde außerhalb Seouls gegründet hatte, bahnte ich den Weg, um in der Innenstadt eine Gemeinde entstehen zu lassen. Zwanzig Jahre bevor ich die Gemeinde in der Innenstadt Seouls, unserer Hauptstadt, gründete hatte die Frau drei Visionen von der Kirche. Nach jeder Vision trat sie im Heiligen Geist in der Fürbitte für uns ein. Als sie 1944 betete, befand sich Korea noch unter japanischer Besatzung, und es gab noch keinen Gedanken an unsere jetzige Gemeinde. Doch der Heilige Geist wußte, daß diese Kirche (Sudaemoon-Kirche genannt, wegen der Gegend, in der sie lag) einmal die »Full Gospel Central Church« werden würde.

Gott gebrauchte diese treue Frau und Fürbitterin. Ihre Gebete veranlaßten den Heiligen Geist dazu, schon viele Jahre, bevor sich die Vision erfüllte, über jener Gegend zu »brüten«. So wie beim Menschen der Same das Leben hervorbringt, so bringt der Heilige Geist alle Lebenskräfte mit sich, wenn er über einer Gegend brütet.

Dieser Punkt ist so wichtig, daß ich ihn noch weiter ausführen will. Wenn ein Kind empfangen wird, so enthalten das weibliche Ei und der männliche Same einen komplizierten Code. Dieser genetische Code beinhaltet schon zu diesem Zeitpunkt die Bestimmung der Zukunft. So wie der Heilige Geist das Leben mit sich bringt, so sind die meisten Lebenskräfte nach Gottes Willen festgelegt und werden vom Heiligen Geist verwirklicht.

1944 ahnte in der Innenstadt Seouls keiner im entferntesten, daß Gott ausgerechnet in diesem Gebiet einmal eine Gemeinde entstehen lassen würde, durch die in ganz Korea das Evangelium verkündigt werden würde. Aber der Heilige Geist wußte es, denn er weiß, was in Gott ist. Darum berief er sich eine treue »Gebetskämpferin«, die zwanzig Jahre bevor die Antwort auf ihre Fürbitte sichtbar wurde im Heiligen Geist für diese Gemeinde eintrat.

Diese Frau sah die Gemeinde sogar als die größte Gemeinde der Welt. Sie war wie Simeon und Hanna (lesen Sie Lk. 2,25-39). Beide, sowohl Simeon als auch Hanna, wußten, daß das Kind, das erst acht Tage alt war, einmal der Messias sein würde.

Was zeichnet einen Fürbitter aus?

Simeon ist das beste Beispiel eines Fürbitters. An ihm sehen wir, welche Eigenschaften ein Fürbitter haben sollte:

1. Er war ein Mensch der Hingabe! Jeder, der in den Dienst der Fürbitte tritt, sollte dem Gebet hingegeben sein.
2. Er war geduldig! In der Bibel lesen wir, daß Simeon auf den Trost Israels wartete. Während die meisten Menschen nach einer politischen Lösung suchten, wußte Simeon, daß die Antwort auf Israels Not geistlicher Art war. Darum konnte er viele Jahre warten, bevor er die Antwort auf seine Gebete sah.
3. Er war voll des Heiligen Geistes! Nur ein Mensch, auf dem der Heilige Geist ist, kann die Last der Fürbitte tragen.
4. Er vertraute! Gott hatte Simeon offenbart, daß er die Antwort auf seine Gebete noch vor seinem Tod sehen würde. So ging er jahrelang treu jeden Tag in den Tempel, bis zu dem Tag, an dem Jesus in den Tempel gebracht wurde.

5. Er war ein Mann der Vision! Simeons Weissagung über dem Jesuskind versetzte Josef und Maria in Erstaunen. Simeon wußte mehr über Jesus als dessen irdische Mutter und sein Stiefvater.

Vor Christi Geburt berief der Heilige Geist zwei treue Fürbitter. Sie verbrachten viele Jahre damit, für das Kommen des Messias zu fasten und zu beten. Gott schenkte ihnen, daß sie so lange lebten, bis sie die Antwort auf ihre Gebete selbst sehen konnten. Darum ist ihr Dienst der Fürbitte für alle Ewigkeit in der Schrift festgehalten.

Fürbitte ist nötig zur Erfüllung des Willens Gottes. Dies heißt nicht, daß Gott nicht seinen Willen auch ohne die Fürbitte vollbringen könnte, aber er hat beschlossen, uns bei der Verwirklichung seines Willens miteinzubeziehen. Darum haben diejenigen, die in den Dienst der Fürbitte treten, teil an der Erfüllung der Pläne und Absichten Gotten.

Warum ist Fürbitte nötig?

Bevor wir die Notwendigkeit der Fürbitte verstehen, müssen wir wissen, wer wir, als Christi Nachfolger, in dieser Welt sind.

Wir sind das Salz der Erde (siehe Mt. 5,13)!

Salz gibt dem, womit es in Berührung kommt, Geschmack. Hiob sagte: »Ißt man denn Fades, ohne es zu salzen?« (Hiob 6,6). Die Gemeinde hat auf dieser Welt die Funktion des Salzes. Die Tatsache, daß wir auf der Erde leben, veranlaßt Gott dazu, diese sündige Welt nicht zu zerstören, so wie er es mit Sodom und Gomorra tat. Gott hat uns die Verantwortung auferlegt, das endgültige Gericht noch aufzuhalten. Dadurch wird die Zeit verlängert, in der Menschen Jesus Christus als ihren Heiland annehmen oder ablehnen können.

Wir sind Botschafter an Christi Statt (2. Kor. 5,20). Wir sind die offiziellen Abgesandten unserer Regierung (des Reiches Gottes). Wir sollen im Ausland die Interessen unserer Regierung vertreten. Wenn zwei Länder miteinander in Krieg treten, so ziehen sie normalerweise als erstes ihre Botschafter aus dem Feindesland zurück. Die Tatsache, daß wir auf dieser Erde leben, bedeutet, daß Gott immer noch Geduld hat mit der sündigen Welt und daß immer noch Zeit ist, das Evangelium zu predigen.

Salz hält auch den Prozeß des Verfalls auf. Bevor es Kühlschränke gab, wurde Fleisch in Salz eingelegt, damit es nicht verdarb. Der Geist des Antichristen wirkt seit dem ersten Jahrhundert in dieser Welt. Johannes schrieb: »Doch jeder Geist, der Jesus nicht bekennt, der ist nicht von Gott. Und das ist der Geist des Antichrists, von dem ihr gehört habt, daß er kommen wird, und er ist jetzt schon in der Welt. Kinder, ihr seid von Gott und habt jene überwunden; denn der in euch ist, ist größer als der, der in der Welt ist« (1. Joh. 4,3-4).

Der Geist des Antichristen, welcher der Geist der Gesetzlosigkeit ist, ist jetzt schon in der Welt, und sein Einfluß nimmt ständig zu. Dieser Geist wird schließlich den endgültigen Antichristen hervorbringen. Der Heilige Geist hält durch die Gemeinde die antigöttlichen Kräfte so lange zurück, bis Gott die positiven Kräfte aus der Welt wegnimmt.

Wenn wir als Christen heranreifen, erkennen wir, daß das Christsein nicht nur Vorrechte, sondern auch Verantwortung mit sich bringt. Da wir das Haupthindernis für Satans Wirken in dieser Welt sind, müssen wir die Wichtigkeit der Fürbitte erkennen.

In uns muß die Vision lebendig werden, daß unsere Funktion auf dieser Erde die des Salzes ist. Wenn wir aus Trägkeit zulassen, daß das Böse in der Situation, in der sich unser Land befindet, die Oberhand gewinnt, dann hat das Salz seinen Geschmack verloren. In diesem Fall sagt Jesus: »Es ist zu nichts mehr nütze, als daß man es fortschüttet und von den Leuten zertreten läßt« (Mt. 5,13).

Wir sind von Gott auch als königliche Priester berufen. Als königliche Priesterschaft hat Gott uns Autorität gegeben. Die Aufgabe des Priesters im Alten Testament war es, vor dem Gnadenthron Gottes für das Volk einzutreten. So treten wir in unserer Fürbitte, in unserer Rolle als neutestamentliche Priester, für die Nöte des Gottesvolkes in die Bresche.

Gott hat versprochen, daß seine Kinder mit Jesus Christus herrschen werden. Er herrscht nicht einfach nur über uns, ohne uns irgendeine Verantwortung zu übertragen. Sondern er hat uns mit seiner Autorität ausgestattet, damit wir ihm bei seiner Herrschaft über diese Erde helfen. »Alles hat er unter seine Füße getan und hat ihn, der das Haupt über alles ist, der Gemeinde zum Haupt gegeben; sie ist sein Leib, nämlich die Fülle dessen, der alles in allem erfüllt« (Eph. 1,22-23). In Epheser 2 erläutert Paulus unsere Rolle als Herrscher noch weiter: »Er hat uns mit ihm auferweckt und zusammen mit ihm in die himmlische Welt versetzt in Christus Jesus« (V. 6).

Bei der Ausübung unserer geistlichen Autorität steht uns einerseits unsere natürliche Erkenntnis zur Verfügung und die Weisheit, die der Heilige Geist uns verstehen läßt, andererseits haben wir aber auch geistliche Erkenntnis, die weit über unsere natürliche Erkenntnis hinausgeht. Diese Erkenntnis ist uns vom Heiligen Geist geschenkt (siehe 1. Kor. 2,7-10).

Der im Neuen Testament am häufigsten zitierte Abschnitt aus dem Alten Testament ist Psalm 110. Um besser zu verstehen, wie wir in der Fürbitte unsere Autorität gebrauchen können, ist es wichtig, daß wir diesen Psalm sorgfältig studieren.

1 Der Herr sprach zu meinem Herrn: »Setze dich zu meiner Rechten, bis ich deine Feinde zum Schemel deiner Füße mache.«

2 Der Herr wird das Zepter deiner Macht ausstrecken aus Zion. Herrsche mitten unter deinen Feinden!

3 Wenn du dein Heer aufbietest, wird dir dein Volk willig folgen in heiligem Schmuck. Deine Söhne werden dir geboren wie der Tau aus der Morgenröte.

4 Der Herr hat geschworen, und es wird ihn nicht gereuen: »Du bist ein Priester ewiglich nach der Weise Melchisedeks.«

5 Der Herr zu deiner Rechten wird zerschmettern die Könige am Tage seines Zorns.

6 Er wird richten unter den Heiden, wird viele erschlagen, wird Häupter zerschmettern auf weitem Gefilde.

7 Er wird trinken vom Bach auf dem Wege, darum wird er das Haupt emporheben.

In diesem wichtigen Psalm wird Christus sowohl als der oberste Herrscher als auch als der Hohepriester nach der geistlichen Ordnung Melchisedeks dargestellt. Im Hebräerbrief steht noch mehr über Christi Rolle als Hoherpriester: ». . . denn er lebt für immer und bittet für sie« (Hebr. 7,25). Christi Herrschaft ist einzigartig, denn er herrscht inmitten seiner Feinde. König David hatte mitten unter seinen Feinden einen irdischen Thron. Aber Christus hat auch die vollkommene Herrschaft, ohne einen sichtbaren Thron der Macht auf dieser Erde zu haben.

Das Zepter, das in der Bibel ein Zeichen der Autorität ist, wird aus Zion ausgestreckt. Zion ist der Name, mit dem Gottes Volk genannt wird. So erfährt die Welt Christi Herrschaft in diesem gegenwärtigen Zeitalter dadurch, daß die Gemeinde ihre Autorität ausübt, was besonders in der Fürbitte geschieht.

Wenn wir erkannt haben, welches unser geistlicher Platz auf dieser Erde ist, daß wir nämlich Salz sind, königliche Priester und Teilhaber an Christi Herrschaft, können wir sehen, wie die Fürbitte wirkt und warum sie nötig ist.

Wie wir es in Daniels Gebet gesehen haben, stellt sich Satan gegen den Willen Gottes — nicht nur, was die Gemeinde betrifft, sondern auch in bezug auf die ganze Welt. Da Satan in dieser Welt Autorität gegeben ist (er wird der »Fürst« dieser Welt genannt), richtet sich seine ganze Macht gegen Gottes Volk, das, wie wir gesehen haben, dazu berufen ist, Christi Autorität auszuüben.

Da Satan weiß, daß die Kirche das Haupthindernis für seine Ziele hier auf der Erde ist, setzt er, wie ein brüllender Löwe, alles daran, uns zu vernichten. Aber das Evangelium muß gepredigt und die Nationen müssen zur Erkenntnis Gottes geführt werden. So liegen also zwei sich widersprechende Interessen vor. Wie wir in der Geschichte sehen können, entstehen Kriege dadurch, daß Interessenkonflikte zwischen Ländern bestehen.

Durch die Fürbitte nimmt der Christ seine priesterliche Rolle wahr und bildet für Gottes himmlische Ziele einen Stützpunkt auf der Erde. Diese Welt ist zum Kriegsschauplatz zweier entgegengesetzter Mächte geworden, aber Gott hat in dem Feindesland eine Truppe, die in der Lage ist, den Einfluß der zukünftigen Welt schon in diese Welt hineinzubringen. Darum kann diese Welt unter die sichtbare Herrschaft des Reiches Gottes gebracht werden.

Mose erhob seine Hände, als Israel mit seinen Feinden Krieg führte; sobald Mose jedoch seine Hände sinken ließ, erlitt Israel eine Niederlage. Dies ist ein deutliches Bild dafür, wie Fürbitte wirkt.

Der Preis der Fürbitte

Bevor wir den Preis der Fürbitte erkennen können, müssen wir Christi gegenwärtiges Leiden verstehen. Als sich Saulus auf der Straße nach Damaskus befand, sah er plötzlich ein blendendes Licht. Während seine Begleiter nur ein Donnern hörten, vernahm Saulus eine klare Stimme vom Himmel: »Saul, Saul, was verfolgst du mich?«

Paulus' Antwort war: »Wer bist du, Herr?«

Christus erwiderte: »Ich bin Jesus, den du verfolgst.«

Saulus, später der Apostel Paulus genannt, hatte niemals geglaubt, daß er den Herrn Jesus Christus verfolgte. Er verfolgte nur die Gemeinde. Aber der Herr fragte ihn nicht, warum er seine Jünger verfolge — er fragte, warum er ihn verfolge.

Wir sind der Leib Christi. Was immer wir als seine Glieder fühlen, fühlt auch er als das Haupt des Leibes. Schmerz und Leiden werden nicht auf der Oberfläche der Wunde empfunden, sondern im Gehirn, das ja im Kopf liegt. Das Gehirn überträgt den Schmerz auf den Körperteil, der verletzt ist, so daß er entsprechend reagieren kann. So ist es auch mit dem Leib Christi. Was wir fühlen, fühlt er; was wir leiden, leidet er; da er jedoch das Haupt ist, ist sein Leiden noch größer.

Es stimmt, daß die Menschen uns am meisten verletzen können, die uns am nächsten stehen. Leider kehren einige Christen zurück in die Welt und weisen damit den Herrn zurück, der sie gerettet hat. Im Hebräerbrief heißt es: »Damit kreuzigen sie von sich aus den Sohn Gottes noch einmal und machen ihn zum Gespött« (Hebr. 6,6). So erleidet Christus, wenn ein

Christ in die Welt zurückkehrt, noch einmal den Schmerz, den er am Kreuz erlitt.

In der Fürbitte haben wir Teil an den Leiden Christi über eine konkrete Not im Leib Christi. In Afrika predigte einmal ein Pastor bei einer großen Evangelisation. Nachts wachte er unter Tränen auf. Als er anfing zu beten, hörte er sich selbst immer wieder einen fremden Namen aussprechen. Er durchlitt große Schmerzen, während er betete. Nach mehreren Stunden wurde die Last von ihm genommen, die Fürbitte war vollendet. Am nächsten Tag stand in der Zeitung eine merkwürdige Geschichte. In der Nacht war in einem christlichen Dorf ein Massaker verübt worden. Der Name des Dorfes war derselbe Name, über den der Pastor die Nacht zuvor so geweint hatte. Christus erlitt den Schmerz seines Volkes; aber er hatte jemanden gefunden, der bereit war, mit ihm zu leiden und im Geist Fürbitte zu tun.

Paulus sagte: »Ich möchte ja ihn erkennen und die Kraft seiner Auferstehung und die Gemeinschaft seiner Leiden« (Phil. 3,10). In diesem Vers wird deutlich, daß Paulus nicht nur bereit war, die Auferstehungskraft Christi in Anspruch zu nehmen; er war auch bereit, mit Christus in seinen Leiden Gemeinschaft zu haben.

In unserer Kirche haben wir uns dazu entschlossen, in den Dienst der Fürbitte zu treten. Wir haben gelernt, im Gebet zu bitten, bis wir erfahren, daß unser Mangel ausgefüllt wird. Wir praktizieren das Gebet der Hingabe, so daß wir Gemeinschaft mit unserem Herrn haben. Aber die Fürbitte ist uns wichtiger als je zuvor; darum erleben wir in unserem Land Erweckung und werden in der ganzen Welt Erweckung erleben.

Es gibt keinen anderen Ort auf der Erde, wo beständig drei- bis zehntausend Menschen fasten und beten. Uns ist es ernst mit dem Kampf, den wir nach Gottes Gebot führen sollen. Uns ist es ernst mit den geistlichen Waffen, die uns den Sieg versprechen. Wir sind uns bewußt, wo sich der Kampf abspielt, nämlich in den Herzen der Menschen rund um die Welt. Und wir sind uns sicher, daß wir den endgültigen Sieg mit dem König der Herrlichkeit teilen werden.

Durch welche Tür gehen wir?

Abgesehen davon, daß das Wort »Tür« üblicherweise den Eingang in ein Haus oder Gebäude bezeichnet, wird es auch bildhaft gebraucht als die Zugangsmöglichkeit zu einer geistlichen Erfahrung oder als Eröffnung einer Möglichkeit. Darum sagte Jesus: »Ich bin die Tür.« Durch Christus können wir zum Vater gelangen. Paulus gebrauchte das Wort im Sinne einer sich eröffnenden Möglichkeit.

Paulus schreibt: »Als ich aber nach Troas kam, um das Evangelium von

Christus zu predigen, und mir eine Tür aufgetan war im Herrn, da hatte ich dennoch keine Ruhe in meinem Geist . . .« (2. Kor. 2,12-13).

Johannes schreibt der Gemeinde in Philadelphia, was ihm Christus offenbart hat: »Ich kenne deine Werke. Siehe, ich habe dir eine Tür aufgetan, und niemand kann sie zuschließen . . .« (Offb. 3,8).

Eine Tür ist nicht nur die Möglichkeit, in einer Stadt das Evangelium von Jesus Christus zu predigen; es kann auch die Möglichkeit für einen einzelnen Menschen sein, wie der Herr bestätigt: »Siehe, ich stehe vor der Tür und klopfe an. Wenn jemand meine Stimme hört und die Tür auftut, werde ich zu ihm hineingehen und das Mahl mit ihm halten und er mit mir« (Offb. 3,20).

Es gibt Türen zu Nationen und Völkergruppen, die geöffnet werden können. Wenn die Tür erst einmal offen ist, können die Menschen Glauben empfangen: »Als sie dort angekommen waren, versammelten sie die Gemeinde und berichteten, wieviel Gott durch sie getan und wie er den Heiden die Tür des Glaubens geöffnet hätte« (Apg. 14,27).

Wenn wir durch eine Tür hindurchgehen, wenn uns eine Möglichkeit eröffnet ist, dann bedeutet dies gleichzeitig, daß wir dem Widerstand der Mächte und Gewalten begegnen werden, die die Nationen davon abhalten wollen, das Evangelium zu hören und sich zu bekehren: »Denn mir hat sich eine Tür zu reichem Wirken aufgetan; aber auch viele Widersacher sind da« (1. Kor. 16,9).

Nur der Herr Jesus Christus kann eine Tür öffnen, die vorher für das Evangelium verschlossen war: »Als ich aber nach Troas kam, um das Evangelium von Christus zu predigen, und mir eine Tür aufgetan war im Herrn« (2. Kor. 2,12).

Wie können wir die Türen des Glaubens, die Tür zu neuen Möglichkeiten öffnen? Wir haben gesehen, daß Christus die Tür öffnen muß. Gott hat uns jedoch zu Gliedern an Christi Leib gemacht. Das heißt, daß das Haupt durch seinen Leib auf der Erde wirken will. Fürbitte ist nötig, um gegen die geistlichen Kräfte anzugehen, die die Türen geschlossen halten wollen. Wenn die Gebete durchdringen, kann Christus die Tür öffnen, und eine ganze Stadt, ein ganzes Land oder Volk kann gerettet werden. Paulus bestätigt dies: »Betet zugleich auch für uns, damit Gott uns eine Tür für das Wort auftut und wir das Geheimnis Christi predigen können. Seinetwegen bin ich auch gebunden, um es offenbar zu machen, wie ich es muß« (Kol. 4,3-4).

Christus möchte seinem Volk nicht nur Türen öffnen, durch die wir die Möglichkeit haben, das Evangelium zu predigen. Auch Türen der Offenbarung und der Erkenntnis müssen geöffnet werden. Jesus wiederholt immer wieder den Satz: »Wer Ohren hat zu hören, der höre!« Diese Aussage, die sich in den Briefen an die Gemeinden in Kapitel 2 und 3 der Offenbarung wiederfindet, deutet darauf hin, daß wir das, was wir hören, oft nicht verstehen. Damit wir begreifen, was Gott uns offenbaren möchte, muß unserem Verstand die Tür der Erkenntnis geöffnet werden: »Danach sah ich, und siehe, im Himmel war eine Tür aufgetan, und die Stimme, die ich zuerst mit mir hatte reden hören wie eine Posaune, die sprach: Komm herauf, ich will dir zeigen, was künftig geschehen muß. Sogleich wurde ich vom Geist ergriffen . . .« (Offb. 4,1-2).

In der Apostelgeschichte sehen wir, wie Gott eine Tür zu neuen Möglichkeiten öffnen und auch offenhalten kann, so daß wir das Evangelium ungehindert predigen können. Paulus war angeklagt und nach Rom gebracht worden, einer Stadt, die zu jener Zeit der Inbegriff der Sünde war. Nach langer Zeit hatte sich die Tür nach Rom geöffnet: »Paulus aber blieb zwei volle Jahre in seiner eigenen Wohnung und empfing alle, die zu ihm kamen, predigte das Reich Gottes und lehrte vom Herrn Jesus Christus ganz freimütig und ungehindert« (Apg. 28, 30-31). So endet die Apostelgeschichte. Es ist von Bedeutung, daß der Heilige Geist dieses Buch mit einer offenen Tür beschließt. Natürlich wissen die meisten von uns, daß die Apostelgeschichte keinen korrekten grammatikalischen Schluß hat. Da Lukas, von Beruf Arzt, ein ausgezeichnetes Griechisch sprach, können wir aus diesem grammatikalischen Fehler ableiten, daß die Apostelgeschichte ständig noch weitergeschrieben wird. Der Heilige Geist wirkt durch die Kirche nach wie vor Taten wie zur Zeit der Apostel.

Obwohl wir wissen, daß Paulus schließlich doch getötet wurde, hat die offizielle Geschichte der frühen Kirchen einen positiven Schluß. Kein Mensch kann die Predigt des Evangeliums verhindern, wenn Gott erst einmal die Tür zu dieser geistlichen Möglichkeit öffnet!

Gott kann sogar den Widerstand verhindern, der von unseren eigenen Brüdern und Schwestern kommt. Es ist eine traurige Tatsache, daß ein Großteil unserer Energie verschwendet wird, weil es der Kirche an Einheit fehlt. Anstatt den wahren Feind zu bekämpfen, den Teufel, bekämpfen sich viele Gotteskinder gegenseitig. Eine offene geistliche Tür kann jedoch auch diesen von innen kommenden Widerstand abblocken. Auch das erfuhr Paulus: »Sie aber sagten: Wir haben deinetwegen weder Briefe aus Judäa (dem Zentrum der Opposition gegen Paulus) empfangen, noch ist ein Bruder gekommen, der über dich etwas Schlechtes berichtet oder gesagt hätte« (Apg. 28,21).

So ist nun deutlich, was auf der ganzen Welt gebraucht wird: Christen, die diese dritte Ebene des Gebets, die Fürbitte, verstehen und ergreifen.

Klopft an, so wird euch aufgetan!

Wie ich schon zu Anfang sagte, ist es nicht möglich, diese drei Arten des Gebets klar voneinander zu trennen. Man kann in derselben Gebetszeit bitten, Gemeinschaft mit Gott haben und Fürbitte tun. Es ist kaum möglich, in der Fürbitte für andere einzutreten, wenn man nicht Gemeinschaft mit Christus hat. Unsere Bitten werden durch die Gemeinschaft mit Christus mehr Wirkung haben. Unsere Fürbitte schließt Bitte und Gemeinschaft mit ein. Wenn wir jedoch verstehen, wie sich die drei Arten des Gebets unterscheiden, können wir effektiver beten.

Wenn wir noch jung sind im Glauben, betrachten wir das Gebet als ein Mittel, durch das wir von Gott bestimmte Dinge empfangen können. Mit der Zeit werden wir reifer und verlangen nach mehr. Wir machen nicht mehr so viele neue Erfahrungen wie am Anfang, so daß wir manchmal sogar glauben, wir seien zurückgefallen. In Wirklichkeit jedoch werden wir geistlich von der Nahrung unserer Kinderzeit entwöhnt und darauf vorbereitet, die Speise von Erwachsenen zu uns zu nehmen. Zu diesem Zeitpunkt müssen wir durch das Wirken des Heiligen Geistes in eine geistliche Gemeinschaft mit Christus treten.

Wenn wir anfangen, eine persönliche Beziehung zu Christus zu entwickeln, fangen wir an, so zu empfinden wie er. Wir können es nicht ertragen, daß die Dinge in ihrem jetzigen Zustand bleiben, und wir melden uns freiwillig zur Gebetsarmee. David weissagte: »Dein Volk stellt sich willig an deinem Heertag in heiligem Schmuck« (Ps. 110,3 — Zürcher).

Warum erleben wir in Korea eine anhaltende Erweckung? Wir haben uns freiwillig dazu entschlossen, so lange zu beten, bis das Evangelium in der ganzen Welt gepredigt ist. Die Türen werden sich öffnen, wenn die geistlichen Mächte in Jesu Namen gebunden werden!

Teil III

Die Formen des Gebets

Kapitel 7

Das persönliche Gebetsleben

Das Gebet nimmt in unserem Leben als Christ verschiedene Formen an. Ich möchte Ihnen gerne von den Gebetsformen berichten, die bei uns in der »Yoido Full Gospel Church« in Seoul üblich sind. Vielleicht kennen Sie weitere Gebetsformen, die ich in diesem Teil nicht aufführe. Was ich Ihnen jedoch weitergeben möchte, basiert auf unserer Erfahrung und erklärt in vielerlei Hinsicht die Quelle, der das einzigartige Wachstum unserer Gemeinde entspringt.

Um in unserem Leben als Christ ein beständiges Wachstum sicherzustellen, müssen wir ein regelmäßiges Gebetsleben führen. Wenn wir aufhören zu beten, dann beginnen wir, langsamer zu werden; wir leben nur noch aus der Schwungkraft, nicht mehr aus der Antriebskraft, wie wir es schon früher erklärten.

In vielen Teilen der Welt ist das Christentum zu einer traditionellen Religion geworden — voller Rituale und mit wenig Lebendigkeit. In unserer schnellebigen Gesellschaft fällt es den Menschen schwer, eine feste Zeit zum persönlichen Gebet zu finden. Das Fernsehen spielt im Alltagsleben eine ständig wachsende Rolle. Dadurch wird noch mehr kostbare Zeit verschwendet, die man dem Gebet widmen könnte. Je mehr die Zivilisation fortschreitet, desto mehr Dinge gibt es, die uns ablenken und davon abhalten, jeden Tag zu beten. Es gibt nur eine Möglichkeit, um nicht in diese Falle zu geraten: Wir müssen erkennen, wie äußerst wichtig die tägliche Gebetszeit ist.

Es gibt viele Gründe dafür, warum wir täglich beten sollten. Im folgenden will ich nur zwei davon nennen:

1. Unser Tag muß im Gebet anfangen, denn dann wird Gott sich von uns finden lassen. Gott verlangt danach, uns in der Frühe zu begegnen: »Eines Stromes Arme erfreuen die Gottesstadt, die heiligsten der Wohnungen des Höchsten. Gott ist in ihrer Mitte; so wankt sie nimmer. Gott hilft ihr, wenn der Morgen anbricht (hebräisch: in der Morgendämmerung)« (Ps. 46,5-6 — Zürcher).

»Wach auf, meine Seele, wach auf, Psalter und Harfe, ich will das Morgenrot wecken!« (Ps. 57, 9). Diese Aussage wiederholt David in Psalm 108, Vers 3. Beide Verse zeigen, daß David regelmäßig in der Frühe aufstand, um Gott zu preisen und zu loben. Kein Wunder, daß Gott sagte, David sei ein Mann nach seinem Herzen.
Gott hat verheißen, daß die, die regelmäßig früh aufstehen, um Gott zu suchen, ihn finden werden: »Ich liebe, die mich lieben, und die mich suchen, finden mich« (Spr. 8,17).

2. Wenn wir unseren Tag im Gebet anfangen, werden wir die geistliche und körperliche Kraft haben, unsere Aufgaben zu erfüllen: »Von Herzen verlangt mich nach dir des Nachts, ja, mit meinem Geist suche ich dich am Morgen. Denn wenn deine Gerichte über die Erde gehen, so lernen die Bewohner des Erdkreises Gerechtigkeit« (Jes. 26,9).
Während Jesaja früh am Morgen den Herrn suchte, sah er in seinem Geist Gottes Gerichte voraus. Ich erlebe, daß Gott mir in meiner Gebetszeit am frühen Morgen Weisheit schenkt, durch die ich effektiver arbeiten kann. In wenigen Minuten weiß ich, was Gott in jeder Situation will. Weil ich den Geist Christi habe, brauche ich nicht tagelang eine Sache zu erwägen.
In unserer Stillen Zeit sollten wir nicht nur beten, sondern auch in der Bibel lesen!
Wie häufig lesen gerade wir Pastoren und Gemeindeleiter nur dann in der Bibel, wenn wir eine Predigt vorbereiten. Aber wir müssen auch die Bibel lesen, damit unser eigenes Herz genährt wird: »Ich behalte dein Wort in meinem Herzen, damit ich nicht wider dich sündige« (Ps. 119,11). »Wenn dein Wort offenbar wird, so erfreut es und macht klug die Unverständigen« (Ps. 119,130).
Gott kann durch die Bibel zu uns sprechen, wenn wir ihm die Gelegenheit dazu geben. In den Morgenstunden sind unsere Gedanken noch frei von allen Problemen des Tages; darum können wir Gottes Leitung und Weisung empfangen, die er uns durch sein heiliges Wort gibt.
Da ich ein Diener des Evangeliums bin, ist es wichtig, mir immer wieder vor Augen zu halten, daß mein Lehren und Predigen aus meinem eigenen, reichen Bibelstudium herausfließen muß. Die Menschen werden dann von meiner Predigt gesegnet werden, wenn ich selbst von Gottes Wort gesegnet bin. Ich kann nur motivieren, wenn ich selbst motiviert bin. Ich kann nur inspirieren, wenn ich selbst durch den Heiligen Geist inspiriert bin. Darum muß ich in meiner täglichen Stillen Zeit die Bibel lesen.

Kapitel 8

Die Familienandacht

Obwohl diese Wahrheit bekannt ist und immer wieder genannt wird, ist es wichtig, sie noch einmal auszusprechen: Eine Familie, die zusammen betet, hält zusammen.

Nicht nur in Amerika, sondern fast überall auf der Welt wird das Fernsehen immer mehr zum Mittelpunkt der Familie. Zwischen Videospielen, Nachrichten und anderen Sendungen wird es für die Familien immer schwieriger, gemeinsam zu essen, geschweige denn zu beten. Es gibt Berichte, die sagen, daß in Nordamerika die Kinder durchschnittlich vierzig Stunden pro Woche fernsehen. Und jedes Jahr nimmt die Zahl der Stunden zu.

Die Rate der Scheidungen ist enorm in die Höhe geschossen. In manchen Städten gibt es mehr Scheidungen als Eheschließungen! Satan scheint den Krieg um die Familie zu gewinnen. Wie können wir uns davor schützen, daß der Kampf auch auf unsere Familien übergreift? Die Antwort darauf ist die Familienandacht!

In der Familienandacht sollte man singen, in der Bibel lesen und beten. Es sollte eine Zeit sein, wo man ehrlich sein kann; dies ist besonders für die Kinder wichtig. Ich erzählte bereits, was mein ältester Sohn einmal während der Familienandacht sagte. Ich erlaube meinen Kindern, ihre Gefühle, ihre Ängste und Enttäuschungen auszudrücken. Auf diese Weise kann der Kommunikationsstrom zwischen uns ungehindert fließen, und durch diese Aufrichtigkeit können wir uns näherkommen.

Alarmierende Statistiken, die jetzt veröffentlicht wurden, zeigen, wie gerade in der Altersgruppe der Teenager die Selbstmordrate angestiegen ist. Die jungen Leute leben unter dem ungeheuren Druck, von ihren Eltern entfremdet zu sein, und stehen gleichzeitig unter dem Druck, sich den Gleichaltrigen anpassen zu müssen. Darum haben sich viele der jungen Leute Drogen, Sex und Alkohol zugewandt. Wenn diese künstlichen Reize nicht mehr funktionieren, werden sie von Verzweiflung überwältigt und nehmen sich das Leben.

Psychologen sagen, daß die einzige Bastion der Hoffnung, die den jungen Menschen noch bleibt, die Familie ist. Indem wir mit unseren Kindern ehrliche Kommunikation aufrechterhalten, werden sie stark genug sein, um den Angriffen des Teufels zu widerstehen. Satan greift die Jugendlichen auch mit falschen Religionen an. Wir wissen alle von den religiösen Kulten, die Jugendlichen eine Pseudoatmosphäre von Zuhause und Familie anbieten. Unsere stärkste Waffe dagegen ist eine lebendige Familienandacht.

So wie Gott seine Lasten mit uns teilen will, sollten wir lernen, unsere Gebetsanliegen mit unseren Kindern zu teilen. Sollen die Kinder nur erleben, wie sich eine Sache positiv verändert? Sollten wir sie nicht auch teilnehmen lassen an dem Prozeß, der zu der Veränderung führt? Wie sollen sie lernen, mit Problemen umzugehen und sie in Gottes Hände zu legen, wenn sie nicht sehen können, wie wir es tun?

In unserer Familie setzen wir uns normalerweise jeden Tag im Kreis zum Gebet zusammen. Wir fassen uns an den Händen und beginnen zu beten. Einer meiner Söhne hat vielleicht in einem Schulfach Probleme. Dieses Problem wird nun zum Problem der ganzen Familie, und wir bringen es im Gebet vor den Thron der Gnade. Ich bete dann zum Beispiel: »Lieber Herr, bitte hilf meinem Sohn bei dem Test, den er schreiben wird. Hilf ihm, den Stoff so gut zu lernen, daß er eine gute Note bekommt, zu Deiner Ehre. Amen!«

Auch Grace, meine Frau, hat wichtige Anliegen. In meinem eigenen Dienst spielt sie eine große Rolle. Aber vielleicht hat sie ein Problem mit dem Verlag, den sie leitet; oder mit dem Musikprogramm, bei dem sie mitarbeitet; oder vielleicht braucht sie einfach nur für irgendeinen Anlaß ein neues Kleid. Ihre Anliegen sind unser aller Anliegen. Dies führt unsere Familie zu einer Einheit, die nicht so leicht zerbrochen werden kann.

Kapitel 9

Gebet im Gottesdienst

Einer der wichtigsten Dienste, die wir in der »Full Gospel Central Church« haben, ist das Gebet der Einheit, das wir in jedem unserer Gottesdienste praktizieren. Jeder Gottesdienst beginnt damit, daß alle Anwesenden auf einmal beten. Wir beten zum Beispiel für unser Land, für dessen Errettung und für Schutz. Da wir jahrelang unter japanischer Besatzung gelebt und erfahren haben, was eine Invasion aus dem kommunistischen Nordkorea heißt, ist uns bewußt, wie kostbar die Freiheit, besonders die Religionsfreiheit, ist, und daß sie geschützt werden muß. Darum nehmen wir das Gebet für unser Land sehr ernst.

Wir beten auch gemeinsam für unsere Politiker. Gott hat uns geboten, dies zu tun, und wenn wir ihm nicht gehorchen, werden wir die Regierung erhalten, die wir verdienen. Darum beten wir für unseren Präsidenten wie für andere Verantwortliche. Dies ist auch der Grund dafür, daß ich vollkommene Freiheit habe, das Evangelium sowohl in meiner Kirche als auch in Radio und Fernsehen zu predigen. Besonders in Europa haben viele nicht die Freiheit, Radio und Fernsehen zur Verkündigung zu benutzen. Wir in Korea nehmen diese Freiheit dankbar in Anspruch und schützen sie durch Gebet.

Wir beten in Einheit für Tausende von Gebetsanliegen, die uns aus Amerika, Japan und anderen Ländern erreichen. In jedem Gottesdienst stelle ich mich neben unser »Podium der Gebetsanliegen«, lege meine Hand auf alle Fürbittezettel, und dann beten wir alle gemeinsam dafür. Bevor die Anliegen auf den Gebetsberg geschickt werden, beten in unseren sieben Gottesdiensten Hunderttausende aus ganzem Herzen für diese Bitten.

Wir beten besonders für eine weltweite Erweckung, so daß jede Nation das Evangelium hören kann und wir unseren Auftrag erfüllen, bis Christus wiederkommt. Als die größte Kirche der Welt erkennen wir, daß wir eine besondere Verantwortung haben, für die Gemeinde Jesu Christi in jedem Land zu beten.

Nach meiner Predigt beten wir erneut zusammen. Wir bitten den Heiligen Geist, daß er das Wort nimmt und es in unsere Herzen schreibt, damit wir Täter des Wortes sind und nicht nur Hörer.

Wenn wir zusammen beten, so tun wir das mit Entschlossenheit und Gewißheit. Wenn ich meine Gemeinde beten höre, so klingt dies wie das gewaltige Donnern eines mächtigen Wasserfalls. Wir wissen, daß Gott die Ernsthaftigkeit unserer Gebete hören muß, weil wir gemeinsam und in Einheit beten!

Während wir zusammen beten, offenbart sich Gottes Kraft in unserer Mitte. Viele Menschen sind schon während unseres gemeinsamen Gebets geheilt, befreit und mit dem Heiligen Geist erfüllt worden. Wenn schon einer tausend in die Flucht schlagen kann und zwei zehntausend verjagen, können Sie sich vorstellen, welche Kraft freigesetzt wird, wenn Hunderttausende im Gebet vereint sind? Es geht weit über unsere Vorstellung hinaus!

»Preiset mit mir den Herr und laßt uns miteinander seinen Namen erhöhen!« (Ps. 34,4).

Kapitel 10

Gebet in der Zellgruppe

Das Zellsystem ist die eigentliche Basis unserer Gemeinde. Ich entdeckte dieses Konzept in einer der schwierigsten Zeiten meines Dienstes. Als Pastor einer Gemeinde mit dreitausend Mitgliedern glaubte ich, alles tun zu können. Und ich versuchte es auch. Ich predigte, machte Besuche und betete für die Kranken. Doch je mehr die Gemeinde wuchs, desto schwächer wurde ich. Eines Sonntags, als ich einen amerikanischen Evangelisten übersetzte, brach ich zusammen. In dem Glauben, daß es mir nur an Hingabe und Kraft fehlte, machte ich noch einen Versuch, aber ich war nicht mehr in der Lage, den Gottesdienst zu Ende zu führen. Man fuhr mich, so schnell es ging, in das Krankenhaus des Roten Kreuzes.

»Pastor Cho, es ist durchaus wahrscheinlich, daß Sie am Leben bleiben, aber Sie müssen Ihren Dienst aufgeben!« Mit diesen schockierenden Worten begrüßte mich mein Arzt, als ich im Krankenhaus wieder zu Bewußtsein kam.

»Aber was soll ich denn tun, wenn ich nicht mehr das Evangelium predigen kann?« sagte ich im Flüsterton zu mir selbst. Der Inhalt der Worte, die der Arzt ausgesprochen hatte, erschlugen mich wie ein mächtiger Felsbrocken. Ich habe festgestellt, daß Gott machmal zu extremen Mitteln greifen muß, um meine Aufmerksamkeit zu erlangen. Jetzt, im Krankenhaus, hatte er sie endlich! In den Tagen, die folgten, überdachte ich mein ganzes Leben neu vor dem Herrn. Es war eine schwere Zeit, jedoch entdeckte ich während dieser Zeit das Hauptelement des unbegrenzten Gemeindewachstums: das Zellsystem.

Lukas berichtet in Apostelgeschichte 6 von einem ähnlichen Vorfall. Als die Zahl der Jünger noch klein war, waren die Apostel in der Lage, alle Arbeit in der Gemeinde selbst zu versehen. Hätte sich diese Situation nicht geändert, so hätte die Gemeinde in Jerusalem nie über diese Größe hinauswachsen können. Gott änderte das Denken der Apostel dadurch, daß er ihnen die Lösung eines Problems zeigte, das die Gemeinde zu sprengen drohte. Das Problem wird in Kapitel 6 beschrieben.

Es bestand darin, daß zwischen Gruppen verschiedener völkischer

Herkunft Spannungen aufgetreten waren, die fast die erste Spaltung verursachten. Dies mußte gelöst werden. In der Folge erkannten die Apostel, daß sie nicht mehr die ganze Last des Dienstes alleine tragen konnten. Darum beriefen sie sieben Männer und ernannten sie zu Diakonen. Die Diakone kümmerten sich um die Verwaltung der Gemeinde. So konnten sich die Apostel ihrer ursprünglichen Berufung widmen: »Wir selbst aber wollen weiter mit Gebet und Predigt dienen« (Apg. 6,4).

Das Problem, das sich in diesem Kapitel zeigt, brachte die Gottesmänner dazu, ihre Situation neu zu überdenken und sich vom Heiligen Geist Weisheit schenken zu lassen. Diese Weisheit veranlaßte sie dazu, ihre Autorität auf andere zu übertragen und somit unbegrenztes Wachstum zu ermöglichen.

Ich bemerkte, daß an verschiedenen Stellen in der Apostelgeschichte sich die Jünger entweder in großen oder in kleinen Gruppen versammelten. Im folgenden will ich einige Stellen aus der Apostelgeschichte und dem Römerbrief zitieren, die mir die Augen für die Bedeutung des Zellsystems öffneten:

»Und sie waren täglich im Tempel einmütig beieinander und brachen in den einzelnen Häusern das Brot, sie nahmen die Mahlzeiten ein voll Freude und mit lauterem Herzen, sie lobten Gott und waren beim ganzen Volk beliebt. Der Herr aber ließ täglich zur Gemeinde Menschen hinzukommen, die gerettet wurden« (Apg. 2,46-47).

»Und sie hörten nicht auf, alle Tage im Tempel und in den Häusern zu lehren und das Evangelium von Jesus Christus zu predigen« (Apg. 5,42).

»Ich habe euch nichts vorenthalten, was nützlich ist, sondern habe es euch alles verkündigt und gelehrt, öffentlich und in den Häusern« (Apg. 20,20).

»Grüßt auch die Gemeinde in ihrem Haus« (Röm. 16,5).

Diese und andere Schriftstellen gaben mir die Weisung, die ich brauchte. Seit dieser Zeit ist unser Zellsystem ständig gewachsen, heute haben wir mehr als 20 000 Zellgruppen in unserer Gemeinde. Wenn jede dieser Zellen in einem Jahr nur zwei neue Familien zu Christus führt, haben wir 40 000 neue Familien. Da eine normale Familie aus vier Mitgliedern besteht, gibt uns das eine jährliche Wachstumsrate von 160 000 neuen Christen. Dabei sind die Menschen nicht mitgezählt, die durch Fernsehen, Radio oder einen unserer Sonntagsgottesdienste zu Christus geführt werden. So ist also das beständige Wachstum unserer Gemeinde vor allem von unserem Zellsystem abhängig.

Zu einer Zellgruppe gehören fünf bis zehn Familien. Sie treffen sich in Häusern, die sich dafür eignen, entweder abends, oder aber, wenn es sich um ein Frauentreffen handelt, auch tagsüber; die Studentenzellgruppen treffen sich in Schulen; Zellgruppen der Arbeiter in Fabriken; es mag auch sein, daß sie sich in einem Saal eines Restaurants versammeln, was sich zum Beispiel für Gruppen von Geschäftsleuten anbietet. Wo immer sie auch zusammenkommen, es ist Gemeinde in Aktion. Unsere große Kirche ist der Ort, wo die Menschen hinkommen, um Gottes Wort zu hören und einen gemeinsamen Gottesdienst zu feiern. Aber das eigentliche Gemeindeleben spielt sich in Tausenden von Häusern überall in unserer Gegend ab.

In unseren Zellgruppen beten die Mitglieder füreinander. Der Zellgruppenleiter besucht die Mitglieder, die krank sind, und betet um Heilung für sie. Wir haben unsere Gemeinde die zentrale Bedeutung des Gebets gelehrt, darum wird bei allen Dingen gebetet. Die Gläubigen beten voll Eifer für die Kirche, unser Land, dafür, daß die Erweckung in Korea anhält und die ganze Welt Erweckung erlebt. Sie beten auch für neue Christen, damit die Gemeinde weiter wächst.

Auf unseren Konferenzen für Zellgruppenleiter betone ich, daß die Zellgruppe ein klares Gebetsziel haben muß. Darum legt jede Zellgruppe klare Ziele fest, für die sie im Glauben betet. Da es viel einfacher ist, einen Menschen, den man kennt, zu Jesus Christus zu führen, bezeugen die Zellgruppenmitglieder ihren Nachbarn, Freunden und Verwandten ihren Glauben. Wenn Gott bei einem dieser Menschen die Tür öffnet, so daß er für das Evangelium empfänglich wird, dann erzählt das Zellmitglied dies der Gruppe. Diese betet dann gemeinsam so lange für den betreffenden Menschen, bis er zu Christus kommt.

Wir haben gelernt, daß wir uns auf dieser Erde im Krieg gegen Satan befinden. Unsere Gegner sind der Teufel und seine Dämonen. Der Kampfplatz sind die Herzen der Menschen. Unser Ziel ist es, daß alle die rettende Gnade unseres Herrn und Heilands Jesus Christus kennenlernen. Darum planen wir mit Sorgfalt: Wir haben eine Strategie, und diese führen wir wie eine gut ausgebildete Armee aus. Aber das wichtigste dabei ist, daß wir unsere Pläne in Gebet »baden«, damit Gott seinen Atem des Lebens in unsere Bemühungen gibt und sie Frucht bringen.

Bei dem gewaltigen Gemeindewachstum, das wir erfahren, bin ich keinem Geheimrezept gefolgt. Ich habe einfach nur Gottes Wort ernst genommen. Ich bin fest davon überzeugt, daß das, was in Korea geschieht, sich in jedem Teil der Welt wiederholen kann. Der Schlüssel ist Gebet!

Kapitel 11

Gebet auf dem Gebetsberg

Das, was wir den Gebetsberg nennen, ist in Wirklichkeit viel mehr als nur ein Stück Land, wohin man sich zum Gebet zurückziehen kann. Ursprünglich hatten wir diesen Berg gekauft, um aus ihm einen Friedhof zu machen. Da Korea eine buddhistische Tradition hat, war es für uns sehr wichtig, einen Gemeindefriedhof zu haben.

Als 1973 unsere jetzige Kirche gebaut wurde, war der Dollar sehr entwertet. Darunter litt auch der koreanische Won (der in seinem Wert an den amerikanischen Dollar gebunden ist), und wir erlebten eine tiefe Rezession. Dann traf uns noch die Ölkrise und verschlechterte unsere sowieso schon schwache Wirtschaftslage. Viele Gemeindemitglieder wurden arbeitslos, und unser Einkommen sank stark.

Wir hatten den Vertrag mit der Baufirma schon unterzeichnet und standen nun vor einem unvorhergesehenen Anstieg der Baukosten. Ich befand mich in großen Schwierigkeiten, weil ich befürchtete, einen völligen finanziellen Zusammenbruch zu erleben. Voller Verzweiflung saß ich in unserer Kirche, die sich noch im Rohbau befand, und wünschte mir, daß die noch unverkleideten Dachbalken einfach auf mich fallen würden.

Während dieser kritischen Zeit meines Dienstes machte sich eine Gruppe der Gemeinde daran, auf unserem Berg ein Gebäude zu errichten, um einen Ort zu haben, wo sie beten konnten, vor allem für ihren leidenden Pastor. Obwohl ich sah, daß unsere Gemeinde einen solchen Platz brauchte, konnte ich an nichts anderes denken als an die Rechnungen der zusätzlichen Kosten, die sich auf meinem Schreibtisch stapelten.

Da ich sah, daß Gott uns nur noch durch ein Wunder vor der Katastrophe bewahren konnte, gesellte ich mich zu den Fürbittern auf dem Gebetsberg. Eines Abends, als wir uns im Erdgeschoß unserer im Bau befindlichen Kirche zum Gebet trafen, kamen mehrere hundert Leute zu uns hinzu. Eine alte Frau ging langsam in meine Richtung. Als sie das Podium erreicht hatte, sah ich, daß ihre Augen voll Tränen waren. Sie verbeugte sich und sagte: »Lieber Pastor, ich möchte Ihnen diese Dinge hier geben. Sie können sie vielleicht für wenig Geld verkaufen, damit Sie mehr Geld für den Baufonds haben.«

Ich sah auf ihre Hände, in denen sie eine alte Reisschale und ein Paar Stäbchen hielt. Dann sagte ich zu ihr: »Liebe Schwester, das kann ich nicht annehmen, das ist doch das Nötigste, was Sie zum Leben brauchen.«

»Aber, Herr Pastor, ich bin eine alte Frau. Ich habe nichts Kostbares, was ich meinem Herrn geben kann; und doch hat Jesus mich in seiner Gnade gerettet. Diese beiden Dinge sind das einzige, was ich auf der Welt besitze!« rief sie aus, während ihr die Tränen über die runzeligen Wangen liefen. »Sie dürfen mir nicht verbieten, Jesus diese Sachen zu geben. Ich kann meinen Reis auf eine alte Zeitung tun und mit den Fingern essen. Ich weiß, daß ich bald sterben werde, und ich will Jesus nicht gegenübertreten, ohne ihm auf dieser Erde etwas gegeben zu haben.« Als sie zu Ende gesprochen hatte, fingen alle an zu weinen. Die Gegenwart des Heiligen Geistes erfüllte den Ort, und wir begannen alle, im Heiligen Geist zu beten.

Ein Geschäftsmann, der hinten saß, war tief bewegt und sagte: »Pastor Cho, ich möchte die Reisschale und die Stäbchen für tausend Dollar kaufen!« Das war wie ein Startschuß, alle fingen an, ihren Besitz zu verpfänden. Meine Frau und ich verkauften unser kleines Haus und gaben das Geld der Gemeinde. Dieser Geist des Gebens rettete uns vor dem finanziellen Ruin.

Im Laufe der Jahre ist der Gebetsberg zu einem Ort geworden, wo täglich Tausende von Menschen hingehen, um Gott für die Lösung ihrer Probleme zu bitten, um zu fasten und zu beten. Wir haben eine Halle mit zehntausend Plätzen gebaut, die aber inzwischen, angesichts des großen Zustroms, schon wieder zu klein ist. Die Besucherzahl schwankt, doch normalerweise sind täglich mindestens dreitausend Menschen da, um zu beten, zu fasten und unseren heiligen und kostbaren Herrn zu loben und zu preisen. In dieser Atmosphäre des konzentrierten Gebets geschehen regelmäßig Wunder und Heilungen.

Letztes Jahr sind mehr als 300 000 Menschen auf dem Gebetsberg gewesen. Darum ist dieser »Zufluchtsort des Gebets« die Hauptfront in unserem Angriff auf Satans Mächte hier auf der Erde. Es gibt keinen Ort auf der Welt, wo mehr Menschen fasten und beten. Gott merkt auf unsere Gebete, die Gebetserhörungen sind zu zahlreich, als daß man sie aufführen könnte.

In dem Kapitel über Fasten und Beten will ich ausführlicher von dieser Methode sprechen, von dem biblischen Mittel, das wir anwenden, wenn wir Gott um Hilfe bitten. Ich kann nicht genug betonen, wie wichtig es ist, zu fasten und zu beten, wenn eine Erweckung beginnen und anhalten soll.

Auf dem Gebetsberg beten wir nicht nur gemeinsam, sondern man kann auch in einer »Gebetsgrotte« alleine beten. Dies sind kleine Räume, die in den Berg hineingehauen sind. Die Gebetsgrotten geben die Möglichkeit, vor Gott ganz still zu werden. In meinem eigenen »Kämmerlein«

kann ich die Tür zumachen und mir viel Zeit nehmen, um in konzentriertem Gebet Gemeinschaft mit meinem himmlischen Vater zu haben.

Ich habe den Gebetsberg eine »Zufluchtsstätte des Gebets« genannt. Dies hat seine Gründe: Es werden Vorbereitungen getroffen, um für Tausende von Menschen, nicht nur aus Korea, sondern aus der ganzen Welt, Unterbringungsmöglichkeiten zu schaffen. Ich glaube, es gibt viele Christen, die sich danach sehnen, einen Ort zu haben, wo sie Gott auf ganz lebendige Weise begegnen können. Dies heißt nicht, daß Gott sich nicht überall finden läßt, wo Menschen ihn im Geist und in der Wahrheit suchen; aber es gibt keinen Platz auf der Erde, wo konzentrierter gebetet wird als auf dem Gebetsberg. Den Christen reicht es nicht aus, nur von Gottes Wirken zu hören; sie möchten sehen, was Gott tut. Um das vorzubereiten, was Gott tun will, werden Straßen gebaut und Häuser und Unterbringungsmöglichkeiten errichtet.

David schrieb: »Er machte das Trockene wieder wasserreich und gab dem dürren Lande Wasserquellen und ließ die Hungrigen dort bleiben, daß sie eine Stadt bauten, in der sie wohnen konnten« (Ps. 107,35-36).

Und an anderer Stelle: »Daß die Heiden den Namen des Herrn fürchten und alle Könige auf Erden deine Herrlichkeit. Ja, der Herr baut Zion wieder und erscheint in seiner Herrlichkeit. Er wendet sich zum Gebet der Verlassenen und verschmäht ihr Gebet nicht. Das werde geschrieben für die Nachkommen; und das Volk, das er schafft, wird den Herrn loben« (Ps. 102,16-19).

Kapitel 12

Gebetsnächte

Wie können Tausende von Menschen jede Nacht vom Freitag auf Samstag im Gebet verbringen? Diese Frage ist mir von vielen Menschen auf der ganzen Welt gestellt worden. Manche Leute können die ganze Nacht in der Diskothek verbringen. Warum sollten dann hingegebene Christen nicht die ganze Nacht damit zubringen, zu beten und den Herrn zu preisen? Es ist alles eine Frage unserer Prioritäten. Entweder ist es uns ernst mit Erweckung oder nicht!

Unsere Gemeinde trifft sich jeden Freitagabend um 22.30 Uhr, jeder betet zuerst still für sich. Dann lehre ich mit Vollmacht aus Gottes Wort. Da ich nicht, wie am Sonntagmorgen, unter Zeitdruck stehe, kann ich mir Zeit nehmen und zwei Stunden predigen. Es sollte deutlich werden, daß eine solche Gebetsnacht eine ganz bestimmte Struktur hat. Die Menschen würden nicht so treu kommen, wenn sie einfach nur die ganze Nacht dasitzen und beten sollten.

Nach der Predigt beten wir zusammen. Wir beten für konkrete Nöte und Probleme sowohl in unserer Gemeinde als auch in unserem eigenen Leben. Es schließt sich eine Zeit an, in der wir singen. Nach diesem »Liedgottesdienst« predigt einer meiner Mitpastoren. Dann singen wir erneut. Darauf folgt ein Zeugnisteil; wir erzählen, was Gott in unserem Leben getan hat. Jede Woche geschehen so viele Wunder der Gnade Gottes, daß es einfach nicht möglich ist, die Zeugnisse aller zu hören, die gerne davon berichten möchten. Bevor wir es merken, ist es 4.30 Uhr und an der Zeit, uns für das Gebetstreffen am frühen Samstagmorgen vorzubereiten. Nach dem Gebet verabschieden wir uns und gehen frohen Herzens nach Hause.

David war es nicht fremd, die ganze Nacht im Gebet zu verbringen. In Psalm 63 nennt er solche Gebetsnächte »Nachtwachen« (siehe Ps. 63,6; 119,148 — Zürcher).

Jesaja weissagte: »Da werdet ihr singen wie in der Nacht des heiligen Festes und euch von Herzen freuen, wie wenn man mit Flötenspiel geht zum Berge des Herrn, zum Hort Israels« (Jes. 30,29).

Als die Jünger im Gefängnis waren, haben sie nicht die ganze Nacht geklagt, sondern sie verbrachten die Nacht mit Singen und Beten. Darum hörte sie Gott und befreite sie durch einen Engel.

Die Gegenwart des Herrn ist von größter Wichtigkeit. Jesus hat uns verheißen, daß er gegenwärtig ist, wenn wir uns in seinem Namen versammeln. Es ist leicht, die Nacht im Gebet zu verbringen, wenn der süße Duft der Gegenwart des Herrn den Ort erfüllt, an dem wir zusammenkommen.

In vielen Teilen der Welt haben die Menschen am Samstag frei, in Korea jedoch ist der Samstag ein normaler Arbeitstag. Viele, die Freitagnacht im Gebet verbringen, kommen morgens nach Hause, machen sich fertig und gehen fort zur Arbeit. David sagte, daß er Gott nichts geben wolle, was ihn selbst nichts gekostet hat. Obwohl es nicht leicht ist, die Nacht im Gebet zu verbringen, ist dies doch das Mittel, durch das wir anhaltende Erweckung erleben.

Kapitel 13

Fasten und Beten

Fasten bedeutet den freiwilligen und bewußten Verzicht auf Nahrung mit dem Ziel, konzentrierter beten zu können. Normalerweise enthält man sich nur der Nahrung, selten und für kurze Zeit verzichtet man auch auf Trinken.

In der Bergpredigt lehrte Jesus seine Jünger über das Fasten. Dabei ging er auch auf die Motive des Fastens ein: Wir sollten nie fasten, um andere Menschen zu beeindrucken. Jesus erwartete jedoch von seinen Jüngern, daß sie fasteten. Er sagte: »Wenn ihr fastet . . .«, nicht »Falls ihr fastet . . .«

Jesus ist unser Vorbild im Fasten: »Jesus kehrte, mit heiligem Geist erfüllt, vom Jordan zurück und wurde vom Geist in die Wüste geführt und vierzig Tage lang vom Teufel versucht. Und er aß nichts in diesen Tagen, und als sie zu Ende waren, hatte er Hunger« (Lk. 4,1-2).

Lukas schreibt über das Ende des Fastens Jesu: »Und Jesus kam in der Kraft des Geistes . . .« (V. 14).

Von diesem Vers können wir folgendes ableiten: Vom Heiligen Geist erfüllt zu sein, heißt noch nicht unbedingt, daß man dadurch auch in der Kraft des Geistes lebt! Ich glaube, der Weg zur Kraft ist, zu fasten und zu beten.

Auch Paulus' Wirken begann mit Fasten und Beten (siehe Apg. 9,9). Er bezeugte der Gemeinde der Korinther, daß sein Dienst durch seine geistliche Disziplin bestätigt würde: »in Wachen, in Fasten« (2. Kor. 6,5). So war Paulus also mit Fasten und Beten vertraut — wobei »Wachen« bedeutet, die Nacht im Gebet zu verbringen.

Die frühe Kirche fastete und betete in ihren Gemeindeversammlungen, um Gottes Willen zu erkennen. In Apostelgeschichte 13 konnte der Heilige Geist die Gemeinde ganz klar führen: »Es gab aber in Antiochia in der Gemeinde Propheten und Lehrer, nämlich Barnabas und Simon, genannt Niger, und Lucius von Kyrene, und Manahen, der mit dem Landesfürsten Herodes erzogen worden war, und Saulus. Als sie einmal Gottesdienst hielten und fasteten, sprach der heilige Geist: Beauftragt mir Barnabas und

Saulus mit dem Werk, zu dem ich sie berufen habe. Da fasteten sie und beteten ... und ließen sie ziehen« (Apg. 13,1-3).

Als die beiden Apostel Barnabas und Paulus neue Gemeinden gründeten, lehrten sie die Gläubigen dieselbe Praxis des Fastens und Betens, die sie in Antiochia erlebt hatten:

»Und sie predigten dieser Stadt das Evangelium und machten viele zu Jüngern. Dann kehrten sie nach Lystra und Ikonion und Antiochia zurück, stärkten die Jünger und ermahnten sie, im Glauben zu bleiben, und sagten: Wir müssen durch viele Bedrängnisse in das Reich Gottes eingehen. Und sie setzten in jeder Gemeinde Älteste ein, beteten und fasteten und befahlen sie dem Herrn, an den sie gläubig geworden waren« (Apg. 14,21-23).

Der Vers aus dem ersten Abschnitt zeigt, daß Fasten und Beten wichtige Elemente waren, wenn es darum ging, vor der Einsetzung von Gemeindeleitern Weisung vom Heiligen Geist zu empfangen. Fasten in Verbindung mit Gebet verlieh der frühen Kirche die geistige und geistliche Klarheit, die sie brauchten, um die Grundlagen der Kirche zu legen.

Fasten, verbunden mit Beten, verleiht nicht nur das Vermögen, die Stimme und Weisung des Heiligen Geistes zu hören. Es dient auch dazu, sowohl im geistlichen als auch im natürlichen Bereich den Sieg zu erringen. Im Alten Testament gibt es ein gutes Beispiel dafür.

Josafat, der König von Juda, hatte die Nachricht erhalten, daß ein riesiges Heer auf dem Anmarsch war, um die Stadt anzugreifen. Das Heer, das sich an Judas Grenzen lagerte, kam aus Moab und Ammon. Wir in Südkorea wissen, was es für ein Gefühl ist, wenn ein feindliches Heer an der Grenze aufmarschiert. Der König versuchte nicht, sich mit Waffen — die er doch nicht hatte — gegen diesen Angriff zu wehren, sondern er nahm Zuflucht zu seinen geistlichen Möglichkeiten: Er ließ im ganzen Land ein Fasten ausrufen. Alle kamen zusammen, Männer und Frauen, Jungen und Mädchen. Sie fasteten gemeinsam und flehten den Herrn an, einzugreifen. Das Resultat dieses nationalen Fastens und Betens war, daß der Herr einen herrlichen Sieg schenkte. Gott gab dem König Anweisungen, wie er dem Feind entgegentreten sollte. Ich bin sicher, daß kein Kampf jemals zuvor auf diese Weise geführt worden war! Josafat bestimmte Sänger, die vor dem Heer hergehen und den Herrn preisen sollten. Als die Feinde das sahen, brach Unruhe unter ihnen aus, und sie begannen, sich gegenseitig zu töten. Es dauerte drei Tage, bis die Israeliten die Beute verteilt hatten. Gott gab ihnen den Sieg, ohne daß sie zu den Waffen greifen mußten (2. Chr. 20,1-30).

Wenn wir anfangen zu fasten, sollten wir die richtige Einstellung dazu haben. Wir sollten das Fasten nicht als Strafe betrachten, auch wenn unser Körper anfangs dagegen rebelliert. Vielmehr sollten wir es als eine kostbare Möglichkeit ansehen, um dem Herrn näherzukommen, ohne dabei vom Essen abgelenkt zu werden. Wir sollten das Fasten auch als ein Mittel ansehen, mit dessen Hilfe wir unsere Gebete besser auf ein bestimmtes Anliegen konzentrieren können. Dies wird Gott dazu bewegen, uns zu hören und auf unsere Bitten hin etwas zu tun. Wenn wir diese Einstellung zum Fasten haben, wird es uns viel leichter fallen.

Ich lehre meine Gemeinde normalerweise, mit einem dreitägigen Fasten zu beginnen. Wenn man öfters drei Tage lang gefastet hat, dann kann man ein siebentägiges Fasten beginnen; als nächstes kommt ein zehntägiges Fasten. Manche haben sogar vierzig Tage gefastet, aber dazu ermuntern wir normalerweise nicht.

Fasten und Beten bewirken nach unserer Erfahrung, daß man in seinem Geist sehr viel sensibler für den Herrn wird und mehr Kraft hat, Satans Macht zu bekämpfen. Wie kommt das zustande?

Das Verlangen nach Nahrung ist ein Grundverlangen aller Geschöpfe. Es ist eine der stärksten Kräfte, die sogar schon vor der Geburt im Körper wirken. Babys werden mit dem natürlichen Instinkt geboren, nach der Brust der Mutter zu suchen. Wenn wir dieses intensive natürliche Verlangen mit unserem geistlichen Verlangen nach Gemeinschaft mit unserem Schöpfer verbinden können, so bewirkt dies eine viel größere Intensität: Dies ist der Zweck von Fasten und Beten. Indem wir unser natürliches und unser geistliches Verlangen verbinden, kommen unsere dringenden Bitten mit einer solchen Intensität vor Gottes Thron, daß er sie hören und erhören wird.

Ein grundlegendes Element des Gebets ist unser Wünschen, unser Verlangen: »Habe deine Lust am Herrn, der wird dir geben, was dein Herz wünscht« (Ps. 37,4).

»Bei allem, worum ihr in eurem Gebet bittet, glaubt nur, daß ihr's schon empfangen habt, so wird's euch zuteil werden« (Mk. 11,24).

Nach meiner Erfahrung ist am ersten Fastentag körperlich noch keine große Veränderung zu spüren. Am zweiten Tag wird der Hunger schon sehr viel stärker. Am dritten und vierten Tag verlangt der Körper sehr nach Nahrung, und man spürt die volle Auswirkung des Fastens. Am fünften und sechsten Tag paßt sich der Körper an den neuen Zustand an, und es geht einem besser. Der Körper kann nun besser die körpereigenen Fette abbauen, die abgelagert wurden.

Nach dem siebten Tag verschwindet der Hungerschmerz, auch wenn der Körper sehr viel schwächer wird. Aber nun erlebt man eine Klarheit der Gedanken und eine Freiheit im Gebet, die ganz ungewöhnlich ist.

Gott beantwortet Ernsthaftigkeit

Wenn wir fasten, beantwortet Gott unsere Ernsthaftigkeit, mit der wir uns bereitwillig demütigen. Sein Erbarmen und seine Gnade werden freigesetzt, indem sich ein einzelner, eine Gemeinschaft oder ein Land freiwillig demütigen und das Leiden des Fastens auf sich nehmen. An vielen Beispielen im Alten Testament können wir sehen, daß Gott für Israel kämpfte, wenn dieses sich vor ihm demütigte.

Paulus nennt Satan den Machthaber, der in der Luft oder in der Erdatmosphäre herrscht. Im Judasbrief steht: »In ähnlicher Weise beflecken auch diese Phantasten ihren Leib, verachten jede Herrschaft und lästern sogar die himmlischen Mächte. Als aber der Erzengel Michael mit dem Teufel um den Leichnam des Mose stritt, wagte selbst er nicht, gegen ihn ein Verdammungsurteil zu fällen, sondern sprach: Der Herr soll dich bestrafen! Diese aber lästern, was sie nicht verstehen; was sie aber wie die unvernünftigen Tiere von Natur aus kennen, daran verderben sie« (Jud. 8-10).

Das offenbart uns eine sehr wichtige Tatsache über unseren Widersacher, den Teufel. Satan ist ein Fürst mit beachtlicher Macht. Judas sagt auch, daß wir nicht glauben dürfen, der Teufel sei nicht ernst zu nehmen, so wie manche Christen es tun. Obwohl seine Macht über Gottes Eigentum zerstört worden ist, ist er immer noch ein gefährlicher Gegner.

Jesus sagte: ». . . es kommt der Fürst dieser Welt. Auf mich hat er keinen Anspruch.« Satan hatte keinen Landeplatz in Christus, von wo aus er einen Angriff hätte starten können. Auch wir müssen unser Leben so führen, daß der Fürst dieser Welt keinen Raum in uns findet, von wo aus er angreifen kann. Deutschland spannte vor dem Zweiten Weltkrieg über viele Länder ein Netz aus, indem es treue Agenten aussandte. Hitler wußte, daß er treue Männer brauchte, wenn sein Plan der Weltherrschaft gelingen sollte. Diese Männer und Frauen waren seine fünfte Kolonne. Wir müssen darauf achten, daß wir in uns keine fünfte Kolonne haben, die Satan die Treue hält.

Durch Fasten und Beten können wir mit einer solchen Kraft gegen unser eigenes Fleisch angehen — die körperliche Begierde, die Begehrlichkeit der Augen und die Überheblichkeit, daß wir ein heiliges und reines Leben in Gottes Gegenwart führen können. Durch Beten und Fasten kann der Brückenkopf Satans, den ich als die fünfte Kolonne bezeichnet habe, zerstört werden. Wenn nun der Fürst dieser Welt kommt, hat er kein Anrecht mehr an uns.

Die praktische Folge des Fastens und Betens wird sein, daß in unserem Leben ein wahrer und unbefleckter Glaube sichtbar wird: »Das aber ist ein Fasten, an dem ich Gefallen habe: Laß los, die du mit Unrecht gebunden hast, laß ledig, auf die du das Joch gelegt hast! Gib frei, die du bedrückst, reiß jedes Joch weg! Brich dem Hungrigen dein Brot, und die im Elend ohne Obdach sind, führe ins Haus! Wenn du einen nackt siehst, so kleide ihn, und entzieh dich nicht deinem Fleisch und Blut!« (Jes. 58,6-7). Fasten kann die Bande der Bosheit brechen; es kann bewirken, daß die Unterdrückten frei werden; es kann vollkommene Befreiung bringen.

Uns ist geboten, jedes Joch wegzunehmen. Wenn wir erkennen, daß auf uns selbst oder auf einem anderen Menschen ein Joch liegt, so können wir den Betreffenden durch Fasten und Beten davon befreien. Ob diese Last, dieses Joch, nun die Gesundheit betrifft, das Geschäft oder Beziehungen in der Familie, jedes Joch kann weggenommen werden.

Für andere fasten und beten

Wie bereits beschrieben, ist der Gebetsberg ein Ort des Betens und des Fastens; es wird dort jedoch nicht nur für die eigenen Nöte gebetet, sondern es wird auch konzentriert für Tausende von anderen Menschen gebetet, die ihre Anliegen zu unserem Büro in New York schicken. Nachdem die Gebetsanliegen, die täglich eintreffen, meinen Schreibtisch verlassen haben und im Gottesdienst für sie gebetet wurde, werden sie auf den Gebetsberg geschickt. Dann beten und fasten Fürbitter für die bereits ins Koreanische übersetzten Anliegen, bis sie in ihrem Herzen das Zeugnis haben, daß Gott sie gehört hat und die Antwort auf dem Weg ist. Das Fasten hilft den Fürbittern, sensibel zu sein und die Dringlichkeit der Anliegen vor Augen zu haben. Auf diese Weise können sie sich die Not vorstellen und auch die Antwort schon sehen. Die Zeugnisse von erhörten Gebeten, die uns erreichen, sind zu zahlreich, als daß wir sie hier einfügen könnten. Wir haben jedoch entdeckt, daß Gott hört und erhört, wenn Gebet mit Fasten verbunden wird.

Menschen aus der ganzen Welt kommen auf den Gebetsberg, um zu fasten und zu beten und Wunder zu erleben. Vor einigen Jahren besuchte eine Frau, die Kinderlähmung hatte, den Gebetsberg. Sie hatte von den Wundern gehört, die auf dem Gebetsberg geschahen, und war entschlossen, dorthin zu fahren, ungeachtet der körperlichen Belastung, die die Reise für sie bedeutete. Nach einer fünftägigen Schiffsfahrt wurde sie von einem unserer Gemeindeglieder abgeholt und zum Zug gebracht.

Die junge Frau, sie war erst 23 Jahre alt, kam mit der Erwartung, daß sie wieder würde gehen können. Menschlich gesehen schien dies unmöglich: Seit ihrem dritten Lebensjahr war sie schwer behindert. Aber bei Gott sind alle Dinge möglich! Nachdem sie sich angemeldet hatte, begann sie sofort, ihren Glauben aufzubauen, indem sie Gottes Wort las und alle seine Verheißungen heraussuchte.

Da sie vorhatte, drei Monate zu bleiben, entschloß sie sich, jede Woche zwei Tage zu fasten. Was sie während ihres Aufenthaltes besonders beeindruckte, waren die Zeugnisse, die sie hörte. Jedesmal, wenn jemand Gottes Kraft, Wunder zu tun, bezeugte, wuchs ihr Glauben.

Als der erste Monat vorüber war, waren noch keinerlei Anzeichen einer Heilung zu beobachten: ihre Beine waren durch die Lähmung noch genauso verkrüppelt wie all die Jahre zuvor. Während des zweiten Monats spürte sie, wie ihr Geist und ihre Seele erneuert wurden, doch ihr Körper blieb unverändert. Im dritten Monat jedoch geschah etwas! Zum ersten Mal seit vielen Jahren hatte sie eine Empfindung in ihren Beinen. In der Erwartung eines Wunders rief sie: »Helft mir aufzustehen! Bitte, kann mir jemand helfen aufzustehen? Ich weiß, daß ich geheilt bin!«

Ein Ehepaar aus unserer Gemeinde, das ihre Tränen und ihre Aufregung sah, griff ihr froh unter die Arme und stellte sie auf die Füße. Doch obwohl sie spürte, wie das Blut durch die Adern in ihren Beinen floß, hatte sie nicht die Kraft, zu stehen. Ohne irgendwelche Anzeichen der Enttäuschung setzte sie sich wieder hin und fuhr fort zu beten. Sie wußte, daß ein Schöpfungswunder nötig war, wenn ihre verkümmerten Glieder wieder normal werden sollten. Darum wartete sie geduldig und hielt an mit Fasten und Beten.

Als die drei Monate vorbei waren, reiste sie wieder ab, immer noch im Rollstuhl. Aber in ihr war etwas geschehen: Sie wußte, daß sie geheilt war! Einige Monate später erhielt ich einen wunderbaren Brief dieser jungen Frau. In dem Brief berichtete sie, daß noch weitere Ausdauer nötig war, daß das Wunder jedoch endlich geschah. »Ja, Dr. Cho, jetzt kann ich gehen!« schrieb sie mir. »Ich hinke noch ein bißchen, aber ich kann gehen. Ich weiß, daß auch das Hinken bald verschwinden wird!« äußerte sie in vollkommenem Glauben. Dies ist nur eines von vielen Wundern, die auf dem Gebetsberg geschehen sind.

Wird jeder geheilt, der auf dem Gebetsberg fastet und betet? So einfach geht es mit der Heilung offensichtlich nicht. Manche Menschen werden direkt geheilt, bei anderen dauert es länger. Ich habe jedoch entdeckt, daß bei manchen Menschen der Grund für die nicht eintreffende Heilung darin liegt, daß sie nicht vergeben haben.

Vergebung und Heilung

»Denn wenn ihr den Menschen ihre Verfehlungen vergebt, so wird euch euer himmlischer Vater auch vergeben. Wenn ihr aber den Menschen nicht vergebt, so wird euch euer Vater eure Verfehlungen auch nicht vergeben« (Mt. 6,14-15).

Vielen Menschen ist innerhalb ihrer Familien, von ihren Kollegen und Freunden Unrecht getan worden. Sie verlangen darum nach Gerechtigkeit — in dem Sinne, wie sie Gerechtigkeit verstehen. Wenn ihnen in ihrer Situation keine Gerechtigkeit widerfährt, werden sie haßerfüllt und bitter. Bei vielen dieser Menschen zeigen sich körperliche Symptome, die direkt mit ihrer Haltung des Nichtvergebens zusammenhängen. In ihnen wächst eine bittere Wurzel, die sie vergiftet, und sie leiden sowohl in ihrem Geist als auch in ihrem Körper Schmerzen.

»Aber ich bin im Recht!« sagte mir einmal eine Frau, der ich genau diese Tatsachen erklärt hatte. »Mein Mann ist schuld! Ich hasse ihn!«

»Ja, Schwester«, erwiderte ich. »Aber Sie sind diejenige, die leidet. Sie sind durch ihre Arthritis an den Rollstuhl gebunden.« (Ich werde die Geschichte später zu Ende erzählen.)

Wenn uns Unrecht getan wurde, müssen wir vergeben! Wir müssen vergeben, selbst wenn wir nicht gerne vergeben! Auch wenn der andere, der uns Unrecht getan hat, nicht um Vergebung bittet, müssen wir vergeben!

Jesus ist das vollkommene Vorbild für uns. Als er am Kreuz hing, bat ihn keiner um Vergebung; im Gegenteil, er wurde noch verspottet und gequält. Aber Jesus sagte: »Vater, vergib ihnen.« Deshalb ist es nicht in unser Belieben gestellt, ob wir vergeben, sondern es ist unsere Pflicht!

Wenn wir der Person vergeben, die uns Unrecht getan hat, dann kann der Heilige Geist dadurch den anderen, der uns Probleme macht, überführen. Nichts entgeht den Augen unseres himmlischen Vaters.

Nun zurück zu unserer Geschichte. Die Frau, die zu mir ins Büro kam, war viele Jahre verheiratet gewesen. Ihr Mann hatte sie verlassen und lebte mit einer anderen Frau. Die verlassene Frau stand unter einem starken finanziellen Druck, da sie nun für sich und die Familie selbst aufkommen mußte. Sie kam zu mir mit dem Anliegen, von ihrer Lähmung geheilt zu werden.

Der Heilige Geist gab mir die Frage ein: »Haben Sie Ihrem Mann vergeben?«

»Nein! Das kann ich nicht! Ich hasse ihn!« schluchzte sie, nicht mehr in der Lage, ihre Tränen zurückzuhalten.

»Sie müssen ihm vergeben«, fuhr ich fort. »Das wird Ihren Geist von der Bitterkeit reinigen, die möglicherweise Ihre Heilung verhindert. Wenn Sie vergeben, wird dadurch auch der Heilige Geist im Leben Ihres Mannes wirken können.«

Nach einer Weile war sie bereit, ihrem Mann zu vergeben, und stimmte zu, zum Fasten und Beten auf den Gebetsberg zu gehen. Am folgenden Sonntag, nach einem unserer Gottesdienste, klopfte es an der Tür meines Büros. Ich bat die Person, hereinzukommen. Ins Zimmer trat ein grimmig ausschauender Mann, gefolgt von einer Dame.

»Herr Pastor, dies ist mein Mann, für den wir gebetet haben.« Die Frau konnte kaum ihre Freudentränen zurückhalten, als sie sich ihrem Mann zuwandte und sagte: »Bitte, erzähl doch, was geschehen ist.«

»Pastor Cho, glauben Sie, daß Gott mir vergeben kann?« sagte der Mann und fuhr fort: »Ich bin ein großer Sünder.« Dann erzählte er seine Geschichte: »Vor einer Woche fing ich an, starke Schuldgefühle zu bekommen, während ich mit der anderen Frau zusammen war. Ich konnte den Schmerz, den ich fühlte, nicht mehr aushalten. Plötzlich mußte ich an meine Frau und die Kinder denken, die ich verlassen hatte. Da ich die Schuldgefühle nicht loswerden konnte, dachte ich schon daran, Selbstmord zu begehen. Als der Sonntag näher kam, entschloß ich mich, zur Kirche zu gehen in der Hoffnung, Vergebung zu empfangen und mich dann besser zu fühlen. In der Kirche sah ich meine Frau auf der anderen Seite des Raumes sitzen. Da entschloß ich mich, sie und Gott um Vergebung zu bitten. Kann Gott mir vergeben?«

»Ja, er kann Ihnen vergeben«, antwortete ich. Dann half ich ihm, im Gebet Buße zu tun, und er nahm Jesus Christus als seinen Erlöser an. Welch eine Freude war es, dieses Paar in Jesus Christus wiedervereint zu sehen!

Später, nachdem die Frau weiter gefastet und gebetet hatte, konnte sie aus ihrem Rollstuhl aufstehen und war geheilt. Durch ihr Vergeben hatte sie jedoch schon innerlich Heilung erfahren, bevor sie durch Gottes Kraft auch äußerlich wiederhergestellt wurde.

Ich will damit nicht sagen, daß jeder, der gelähmt oder behindert ist, in diesem Zustand lebt, weil er nicht vergeben hat. Aber viele Menschen würden geheilt werden, wenn sie nur lernen würden zu vergeben.

Wenn es Ihnen, lieber Leser, schwerfällt, einem bestimmten Menschen zu vergeben, dann geben Sie acht, daß nicht der Stolz Sie davon abhält, Gottes Wort zu gehorchen. Entschließen Sie sich, die zweite Meile auch noch mitzugehen, legen Sie Ihre selbstgerechte Haltung ab und vergeben Sie dem Menschen! Sie werden dann erleben, wie Ihre feindseligen Gefühle verschwinden und es Ihnen viel besser geht.

Gott widersteht dem Stolzen, aber dem Demütigen gibt er um so reichlicher Gnade. Wenn Sie darunter leiden, daß Sie in Ihrem Leben nicht genug Gnade erfahren, so könnte es sein, daß Sie sich auf Ihren Stolz gründen anstatt auf die Gnade Gottes. Was haben Sie denn zu verlieren außer Bitterkeit, Ärger und möglicherweise einer Krankheit?

»Und das Gebet, das im Glauben geschieht, wird dem Kranken helfen, und der Herr wird ihn aufrichten; und wenn er Sünden getan hat, wird ihm vergeben werden. Bekennt einander eure Sünden und betet füreinander, damit ihr gesund werdet . . .« (Jak. 5,15-16).

Psychologen, Ärzte und Psychiater sind sich inzwischen einig, daß die Einstellung ihrer Patienten die Chancen für eine Heilung erheblich mitbestimmt.

Jetzt ist die Zeit für den Leib Jesu Christi, die Kirche, geheilt zu werden! Gottes Gedanken zeigen sich im dritten Johannesbrief: »Mein Lieber, ich wünsche, daß es dir in allen Dingen gut geht und daß du gesund bist, so wie es deiner Seele gut geht« (3. Joh. 2). Der Schlüssel zu geistlichem und körperlichem Wohlergehen ist an das Wohlergehen unserer Seele (unseres Verstandes) geknüpft. Und genau das wird durch Vergeben erlangt.

Wenn wir fasten und beten und gleichzeitg vergeben, werden unsere

Gemeinden viel Wohlergehen und Gesundheit empfangen. So wird das Werkzeug, das Gott dazu erwählt hat, Erweckung zu bringen, gesund und kann in den Händen des Heiligen Geistes gebraucht werden.

Wir stehen in der zweiten Hälfte des 20. Jahrhunderts großen Herausforderungen gegenüber, aber auch großen Möglichkeiten. Was gebraucht wird, sind bessere Menschen — Menschen, die bereit sind zu vergeben, zu opfern, zu gehorchen und sich hinzugeben. Ich habe mich dem Heiligen Geist zur Verfügung gestellt und bin bereit, alles zu tun, was in meiner Kraft steht, um ein Werkzeug für Erweckung und Gemeindewachstum zu sein. Wollen Sie nicht das gleiche tun?

Kapitel 14

Auf den Herrn warten

Meditation und Gebet

Meditieren heißt, über etwas oder jemanden nachzusinnen. Es erfordert Disziplin, da unsere Gedanken leicht von einem Gegenstand zum anderen schweifen. Meditation ist eine wesentliche und wichtige Form des Betens. Unser Handeln wird von unserem Willen beeinflußt und unser Wille in großem Maße von unserem Denken. Wenn wir daher unserem Denken (Nachsinnen) eine Richtung geben können, können wir unser Handeln kontrollieren.

David betete: »Laß dir wohlgefallen die Reden meines Mundes und das Sinnen meines Herzens, o Herr, mein Fels und mein Erlöser!« (Ps. 19,15 — Zürcher).

Gott nannte Josua das Geheimnis zum Erfolg und Wohlergehen: »Und laß das Buch dieses Gesetzes nicht von deinem Munde kommen, sondern betrachte es Tag und Nacht, daß du hältst und tust in allen Dingen nach dem, was darin geschrieben steht. Dann wird es dir auf deinen Wegen gelingen, und du wirst es recht ausrichten« (Jos. 1,8). Dieser Vers zeigt deutlich, daß Gott von Josua erwartete, daß dieser nicht einfach nur über irgend etwas meditieren sollte, sondern die Kraft seiner Gedanken wurde speziell auf eine konkrete Sache gerichtet.

Wenn man meditiert, muß man seine Gedanken ganz klar auf den Gegenstand richten, über den man nachsinnen will. Oft geschieht es, daß Christen anfangen, über den Herrn zu meditieren, dann aber ihre Gedanken ungehindert umherwandern lassen. Dies hat zur Folge, daß sie entweder einschlafen oder Langeweile empfinden. Gott kennt uns. Darum will er, daß wir über etwas Konkretes meditieren, nicht nur über allgemeine Dinge.

Um seine Gedanken über eine längere Zeit hin auf ein bestimmtes Thema zu konzentrieren, muß man Freude an der Sache haben. »Sondern (er) hat Lust am Gesetz des Herrn und sinnt über seinem Gesetz Tag und Nacht« (Ps. 1,2). So muß man also motiviert sein, um erfolgreich über etwas meditieren zu können. Man muß wissen, welchen Segen es bringt, eine bestimmte Sache im Gebet zu betrachten. Wenn Sie Freude haben an Gottes Wort, dann werden Sie gerne darüber nachsinnen und dadurch tieferes Verständnis und größere Erkenntnis erlangen. »Mein Mund soll Weisheit reden und das Dichten meines Herzens Einsicht sein« (Ps. 49,4).

Weil David sich Zeit nahm, über Gottes Güte in seinem Leben nachzusinnen, war er motiviert, in seinen Psalmen den Herrn beständig zu loben: »Gleich wie an Mark und Fett ersättigt sich meine Seele, und mit jauchzenden Lippen lobpreist mein Mund, wenn ich deiner auf meinem Lager gedenke, in Nachtwachen über dich sinne. Denn du bist meine Hilfe geworden, und unter dem Schatten deiner Flügel frohlocke ich« (Ps. 63,6-8 — Zürcher). Und an anderer Stelle: »Möge mein Dichten ihm wohlgefallen; ich freue mich des Herrn« (Ps.104,34 — Zürcher).

Wenn ich eine Predigt vorbereite, dann bitte ich Gott, meine Gedanken zu erleuchten, damit ich die Gedanken des Heiligen Geistes erkenne, der der Autor des Wortes Gottes ist. Wenn ich die Hauptaussagen der Predigt niedergeschrieben habe, meditiere ich über die Botschaft, die ich dem Volk Gottes weitergeben will. Von der Einleitung bis zum Schluß, bei jedem einzelnen Punkt läßt der Heilige Geist mich neu verstehen, was Gottes Wort bedeutet und wie ich das Wort verkündigen soll, damit es den Tausenden, die die Predigt hören werden, in ihrer jeweiligen Situation hilft. Obwohl am Sonntag Hunderttausende im Gottesdienst sind und obwohl die Predigt in mehreren Ländern später im Fernsehen noch einmal ausgestrahlt wird, glaube ich, daß der Heilige Geist die Nöte jedes einzelnen kennt und durch meine vom Geist gesalbte Predigt jedem einzelnen helfen kann. Durch das Nachsinnen im Gebet weiß ich, was ich und wann ich es sagen soll. Nach der Predigt erfahre ich oft, daß eine Aussage der Predigt einem Zuhörer ganz konkret in seinen Problemen geholfen hat. Woher wußte ich so genau, was ich sagen sollte? Ich wußte es nicht; aber der Heilige Geist wußte es und hat mir die Gedanken eingegeben, während ich über meine Predigt meditierte.

Ich meditiere nicht nur über meine Predigten, sondern auch über jede neue Möglichkeit, mit der ich konfrontiert werde. Vielleicht eröffnet sich uns die Möglichkeit zu einem neuen Dienst, die unserem Verstand sehr einleuchtet. Aber dieser neue Weg kann voller Fallen und Schlaglöcher sein, von denen ich nichts weiß. Ich vertraue jedoch darauf, daß Gott mir durch seinen Frieden in meinem Herzen den Weg zeigt. Wenn ich über eine wichtige Entscheidung meditiere, führt mich der Heilige Geist. Wenn es Gottes Wille ist, den neuen Weg einzuschlagen, schenkt Gott mir diesen Frieden, der höher ist als aller Verstand — und da er alles Verstehen übertrifft, entzieht er sich auch einer Erklärung. Wenn bei einer Sache die Gefahr besteht, daß ich oder das Werk des Herrn Schaden erleiden, dann erkenne ich dies daran, daß der Heilige Geist mir den Frieden nimmt.

Um fruchtbar meditieren zu können, muß man zuallererst still werden vor Gott. Wenn man still bleibt, dann verschwindet die Unruhe, die alle vielbeschäftigten Menschen umgibt. Nun kann man meditieren. Ich brauche oft eine halbe Stunde, um vor dem Herrn still zu werden. Darum ist Disziplin so wichtig, wenn man ein erfolgreicher Gebetskämpfer werden will. Man darf nicht zulassen, daß die inneren Konflikte den eigenen Geist beunruhigen. Man darf nicht zulassen, daß die äußeren Probleme den eigenen Frieden beeinträchtigen. Wenn man wirklich meditieren will, muß man in seinem Herzen die Stille vor Gott bewahren.

Im Buch Jesaja kommt nach dem 39. Kapitel ein Einschnitt. Er ist ganz natürlich, er folgt daraus, daß der Prophet, der über Gottes Wort nachsinnt, eine neue Richtung gezeigt bekommt. Nachdem Gott in Kapitel 39 sein Gericht abgeschlossen hat, beginnt er nun in Kapitel 40, Israel zu trösten. Das 40. Kapitel endet mit göttlichen Prinzipien: »Er gibt dem Müden Kraft, und Stärke genug dem Unvermögenden. Männer werden müde und matt, und Jünglinge straucheln und fallen; aber die auf den Herrn harren, kriegen neue Kraft, daß sie auffahren mit Flügeln wie Adler, daß sie laufen und nicht matt werden, daß sie wandeln und nicht müde werden« (Jes. 40,29-31).

Die Hauptaussage dieser Verse ist, daß menschliche Kraft nicht ausreicht, um den Dienst für Gottes Volk auszuführen. Wir brauchen eine Kraft, die stärker ist als die Kraft der Jugend und menschliches Vermögen. Jeder, der bereit ist, auf den Herrn zu warten, kann ausgerüstet werden, um die große Aufgabe auszuführen, die vor ihm liegt. Denn die Quelle seiner Kraft liegt nicht in ihm, sondern in Gott.

Die meisten Menschen heute sind so vielbeschäftigt, daß sie wenig Zeit zum Beten haben und noch viel weniger Zeit, um in der Meditation auf den Herrn zu warten. Darum können sie in ihrem Herzen nicht die Stimme des Heiligen Geistes hören, denn seine Stimme ist nicht laut. Elia erfuhr dies:

»Und er kam dort in eine Höhle und blieb dort über Nacht. Und siehe, das Wort des Herrn kam zu ihm: Was machst du hier, Elia? Er sprach: Ich habe geeifert für den Herrn, den Gott Zebaot; denn Israel hat deinen Bund verlassen und deine Altäre zerbrochen und deine Propheten mit dem Schwert getötet, und ich bin allein übriggeblieben, und sie trachten danach, daß sie mir mein Leben nehmen. Der Herr sprach: Geh heraus und tritt hin auf den Berg vor den Herrn! Und siehe, der Herr wird vorübergehen. Und ein großer, starker Wind, der die Berge zerriß und die Felsen zerbrach, kam vor dem Herrn her; der Herr aber war nicht im Winde. Nach dem Wind aber kam ein Erdbeben; aber der Herr war nicht im Erdbeben. Und nach dem Erdbeben kam ein Feuer; aber der Herr war nicht im Feuer. Und nach dem Feuer kam ein stilles, sanftes Sausen. Als das Elia hörte, verhüllte er sein Antlitz mit seinem Mantel und ging hinaus und trat in den Eingang der Höhle. Und siehe, da kam eine Stimme zu ihm und sprach: Was hast du hier zu tun, Elia?« (1. Kön. 19,9-13).

Elia lernte, daß Gott ihm nicht durch die »lauten« Offenbarungen — Erdbeben, Feuer und Wind — die Richtung wies; sondern Gott leitete ihn durch das »stille, sanfte Sausen«.

Wenn wir Gottes Stimme hören wollen, müssen wir still werden und meditieren. Wenn wir zu beschäftigt sind, um zu meditieren, dann sind wir auch zu beschäftigt, um Gottes Stimme zu hören! Wir sollten es jedoch nicht einfach dem Zufall überlassen, wann wir die Stimme des Herrn hören. Und wir dürfen nicht vergessen, daß, ganz gleich, um was es sich handelt, Gott alles, was er uns sagen will, schon in der Bibel gesagt hat. Wir werden von Gott niemals etwas hören, was dem, was uns in der vom Geist inspirierten Bibel offenbart ist, widerspricht! Der Kanon der Bibel schließt mit dem letzten Kapitel der Offenbarung, das die Warnung enthält: »Wenn jemand etwas hinzufügt, dann wird Gott ihm die Plagen zufügen, die in diesem Buch geschrieben stehen« (Offb. 22,18).

Freude an Gottes Gegenwart

Es gibt einen Aspekt des Meditierens, den ich besonders liebe, ich nenne es »einen geistlichen Spaziergang machen«. So wie ich es genieße, wenn ich, was ganz selten einmal vorkommt, nur einfach spazierengehen kann, ohne ein bestimmtes Ziel zu haben, so genieße ich es auch, wenn ich, ohne irgendeine besondere Absicht zu haben, meditieren oder auf den Herrn warten kann. Ich sitze einfach in Gottes Gegenwart und freue mich an ihm. Ich begehre nichts, ich will einfach nur ihn. Ich ziehe mich zurück und setze mich auf einen gemütlichen Stuhl, schließe meine Augen und warte auf den Herrn. Es mag sein, daß ich nichts höre. Vielleicht verspüre ich auch nichts dabei. Aber nach solch einem geistlichen Spaziergang mit meinem Herrn fühle ich mich immer erfrischt. Ich habe festgestellt, daß diese Art der geistlichen Erholung stundenlang anhalten kann.

Im Judasbrief wird Henoch beschrieben: »Es hat aber auch Henoch von ihnen geweissagt, der siebte von Adam an, und gesprochen: Siehe, der Herr kommt mit vielen tausend Heiligen, um über alle Gericht zu halten und die Menschen für alle ihre gottlosen Taten zu bestrafen, mit denen sie gefrevelt haben, und für alle frechen Reden, die die gottlosen Sünder gegen ihn geführt haben« (Jud. 14-15). In 1. Mose steht jedoch nur: »Und Henoch wandelte mit Gott; und nachdem er Methusalah gezeugt, lebte er noch dreihundert Jahre und zeugte Söhne und Töchter. So betrug Henochs ganze Lebenszeit 365 Jahre. Henoch wandelte mit Gott, und auf einmal war er nicht mehr da« (1. Mose 5,22-24 — Zürcher). Was geschah mit Henoch?

Henoch war ein Prophet in den ersten Tagen der Menschheitsgeschichte. Zu jener Zeit wußten die Menschen noch, was im Garten Eden geschehen war: Sie wußten, daß Adam in der Kühle des Abends Gemeinschaft mit dem Herrn hatte. Henoch weissagte von einem Tag, der erst noch kommen wird: Dem zweiten Kommen Christi und dem damit verbundenen Gericht über die Erde. Inmitten seines Dienstes lernte Henoch jedoch, mit Gott zu wandeln. Gott bedeutete die Gemeinschaft mit Henoch so viel, daß es in der Bibel heißt: »Und auf einmal war er nicht mehr da.« Gott hatte ihn in den Himmel geholt, damit er sich allezeit an der Gemeinschaft mit ihm erfreuen konnte.

Im Laufe der Zeit habe ich gelernt, in enger Gemeinschaft mit dem Herrn zu leben. Dadurch ist mein Geist wacher geworden und ich habe die Angriffe Satans überwunden. Nichts ist mir wichtiger als jene uneingeschränkte Zeit der Gemeinschaft, die ich so genieße. Viele unserer Gemeindemitglieder gehen auf den Gebetsberg, um für diese Art der Gemeinschaft und Meditation Zeit zu haben. Andere haben einen besonderen Platz in ihrer Wohnung, wohin sie sich in Stille zurückziehen können. Wo Sie meditieren, ist nicht so wichtig; wichtig ist, daß Sie meditieren.

Teil IV

Methoden des Gebets

Kapitel 15

Ausdauer im Gebet entwickeln

Mein Ziel in diesem Teil ist es, Ihnen als Hilfe für Ihr eigenes Gebetsleben biblische und praktische Methoden weiterzugeben. In den vielen Jahren, die ich nun schon durch die Welt reise, sind mir überall Fragen über das Gebet gestellt worden, deren Dringlichkeit ich mir bewußt bin. Jedes Land hat seine eigene Sprache, Kultur und Praxis; aber wir sind alle Glieder eines Leibes: des Leibes Jesu Christi. Auch wenn wir wissen, daß die jeweilige Praxis in den einzelnen Ländern sehr unterschiedlich aussehen kann, so trifft trotzdem zu, daß es grundlegende biblische Prinzipien gibt, die in allen Teilen der Welt angewandt werden können. In manchen Ländern zum Beispiel führen die Menschen, bedingt durch die klimatischen Verhältnisse, ein besinnlicheres Leben als die Menschen in anderen Ländern. Doch Gott hat uns allen Gnade gegeben, durch die wir jede wie auch immer geartete Schwierigkeit überwinden und so dem Wort Gottes treu sein können. Überall auf der Welt habe ich unter den Christen auch den Wunsch nach Erweckung gefunden. Da ich glaube, daß der Schlüssel zur Erweckung das Gebet ist, will ich die folgenden Methoden weitergeben. Sie sollen uns auf dem Weg zu jenem Ziel helfen.

»Wie kann ich lernen, länger als ein oder zwei Stunden zu beten?« fragte mich kürzlich ein Pastor. Nachdem er einen meiner Vorträge über das Gebet gehört hatte, bewegte ihn der Wunsch, mehr zu beten. Diesen Wunsch hatte er jedoch schon früher gehabt. Er hatte schon einmal begonnen, mehr zu beten, doch dies hielt nur wenige Wochen an. Als sich seine gemeindlichen Aufgaben weiter mehrten, war er schon bald wieder bei seiner kurzen Gebetszeit. Um seine Frage zu beantworten, eine Frage, die mir auch von vielen anderen Pastoren und Laien gestellt wurde, habe ich dieses Kapitel geschrieben: Wie kann ich Ausdauer im Gebet entwickeln?

Normalerweise beten die meisten gläubigen Christen eine halbe bis eine Stunde pro Tag. Da fast alle Christen viel zu tun haben, führt der Druck, dem sie in unserer Gesellschaft ausgesetzt sind, viele zu dem Wunsch, auf ein schnelles, kurzes Gebet eine Sofortantwort zu erhalten.

Ich kenne viele Menschen, die sich Bücher kaufen oder Kassetten anhören mit dem Wunsch, dort eine Formel oder einen Abkürzungsweg für Gebetserhörungen zu finden. Wir sind heutzutage gewöhnt an Instantkaffee, Medizin mit Sofortwirkung, können die Zeitung von morgen schon am Abend zuvor kaufen. Man kann heute alles in Kapseln haben, ob es sich um Vitamine handelt oder um eine Predigt. Wenn man mit der Familie ausgeht, um zu essen, nimmt man sich nicht mehr Zeit für eine geruhsame Mahlzeit, sondern immer mehr Familien fahren bei einem Imbißverkauf vor und essen dann im Auto.

Auch an den Christen ist dieses Phänomen nicht vorbeigegangen. Früher wurden in unseren Kirchen wunderbare Choräle gesungen, die die Majestät Gottes verherrlichten. Heute werden in vielen Gemeinden keine Gesangbücher mehr benutzt, sondern es gibt nur noch Liedblätter. Das soll nicht heißen, daß die neuen Lieder schlecht wären. Aber wir sollten beides benutzen. Früher sangen wir »Wie schön ist die Stunde des Gebets«, jetzt fordern wir einzelne dazu auf, ein »kurzes Gebet« zu sprechen. Daß wir in vielen Teilen der Welt keine Erweckung haben, liegt vielleicht darin begründet, daß wir nicht bereit sind, länger zu beten!

Wenn wir beten lernen wollen, dürfen wir nicht in Eile sein. Wir wissen, daß Gott allgegenwärtig ist (überall zu der gleichen Zeit), aber er hat es niemals eilig. Darum müssen wir Disziplin üben, um uns Zeit für längeres Beten zu nehmen. Wir müssen lernen, im Gebet zu warten, bis Gott antwortet.

Als vielbeschäftigter Pastor stehe ich unter extremem Zeitdruck. Wenn dieses Buch von jemandem geschrieben werden sollte, der außer Beten keine anderen Aufgaben hätte, dann würde es wohl kaum für jemanden eine Herausforderung darstellen. Ich bin jedoch Pastor einer Gemeinde mit 370 000 Mitgliedern. Ich bin der Präsident von »Church Growth International«. Ich muß in zwei Kontinenten regelmäßig im Fernsehen und Radio sprechen. Aber ich muß auch beten! Die Methoden, die ich gebrauche, gebrauche ich wirklich täglich. Ich beschreibe nicht nur Theorien, die ich für wirksam halte. Die Dinge, über die ich schreibe, gehören zu meinem täglichen Leben und helfen mir, länger zu beten.

Wie bereits erwähnt, stehe ich jeden morgen früh auf, um genug Zeit zum Beten zu haben. Normalerweise steige ich um 5 Uhr aus dem Bett. Wenn ich im Bett beten müßte, würde ich vielleicht wieder einschlafen; darum ist es wichtig, zum Beten nicht im Bett zu bleiben. Ich gehe in mein Studierzimmer, setze mich hin und beginne, den Herrn zu preisen und ihm für seine Güte zu danken. David betrat Gottes Tore auf dieselbe Weise: »Gehet zu seinen Toren ein mit Danken, zu seinen Vorhöfen mit Loben. Danket ihm, lobet seinen Namen« (Ps. 100,4).

Nachdem ich Gott gedankt, ihn gelobt und gepriesen habe, kann ich ihn für alle Termine, Seelsorgegespräche und Veranstaltungen des jeweiligen Tages um Segen bitten. Im einzelnen erbitte ich Gottes Segen für meine Mitpastoren (es sind mehr als dreihundert); für unsere Missionare (in vierzig verschiedenen Ländern); und für meine Ältesten und Diakone. Dann bitte ich den Herrn, mich bei jeder Entscheidung seine Weisung wissen zu lassen: »Ich will dich unterweisen und dir den Weg zeigen, den du gehen sollst; ich will dich mit meinen Augen leiten« (Ps. 32,8).

Wenn wir eine persönliche und enge Beziehung zu unserem Herrn entwickelt haben, kann er uns ganz still und einfach leiten: »Ich will dich mit meinen Augen leiten.« Dies geschieht jedoch nicht über Nacht, es braucht Zeit. Je nachdem, wie sehr uns danach verlangt, geführt zu werden, werden wir die nötige Zeit zum Gebet dafür einsetzen.

Nachdem ich für alle Bereiche meiner Gemeinde gebetet habe, für alle Regierungsverantwortlichen und unser Heer, bete ich für meine Familie. Ich nenne unserem Herrn klar und konkret ihre Nöte. Dann reise ich in meiner Vorstellung nach Japan, wo wir einen ausgedehnten Dienst haben. Ich bete für unsere Fernsehprogramme, durch die zunehmend mehr Japaner zu Christus geführt werden. Da wir auch Asiaten sind, sind die Japaner für meine Sendungen wesentlich offener als für amerikanische Fernsehprogramme. Wir können sehen, wie unsere Sendungen in Japan Einfluß haben. Aber die Geldmittel, die für die Fortführung dieses Dienstes benötigt werden, sind begrenzt. Darum bitte ich Gott, allen finanziellen Mangel in unserem japanischen Büro auszufüllen. Gott hat mir verheißen, daß sich bis zum Ende dieses Jahrhunderts zehn Millionen Japaner bekehren. Ich erinnere Gott immer wieder an diese Verheißung und bitte ihn um seine Kraft und Führung, damit dieses Ziel erreicht werden kann. Ich glaube so fest, daß zehn Millionen Japaner ihre Knie vor Jesus Christus beugen werden, daß ich dies in meiner Vorstellung bereits sehen kann.

Dann verlasse ich die Küste Japans und reise über den Pazifischen Ozean nach Amerika. In New York haben wir ein Büro, und auch die dortigen Mitarbeiter brauchen Gebet. Ich bete für den Präsidenten, den Kongreß und die anderen Institutionen in den Vereinigten Staaten. Ich bete für die Christen in Amerika und daß sie in ihren Gemeinden Erweckung erleben. Ich bete für unsere Fernsehsendungen in Amerika und glaube, daß Gott sie gebrauchen wird, um Erweckung herbeizuführen. Dann bete ich für Tausende, die ihre Gebetsanliegen zu unserem New Yorker Büro schicken. Die Anliegen werden mir von dort aus zugesandt. Sowohl die Vereinigten Staaten als auch Kanada sind Schlüsselländer für die große Erweckung, die weltweit kommen wird. Darum hat Gott mir die Last aufs Herz gelegt, für Erweckung in Kanada und den Vereinigten Staaten zu beten.

Ich reise gen Süden und bete für Lateinamerika. Auf meinen Reisen durch einige Länder Lateinamerikas bin ich sehr gesegnet worden, und es hat mich tief bewegt, die wunderbaren Menschen, die dort wohnen, kennenzulernen. In manchen Ländern ist Gottes Wirken zu sehen, aber im ganzen Kontinent gibt es kommunistische Bestrebungen mit dem Ziel der Machtübernahme. Darum müssen wir um Frieden in diesen Ländern bitten, damit das Evangelium gepredigt werden kann und Sünder gerettet werden, bevor das Ende kommt.

Dann reise ich über den Atlantischen Ozean und bete für Europa. Seit mehr als 15 Jahren war ich immer wieder in Europa und habe dort gesprochen. Ich liebe jedes Land, in dem ich gepredigt habe. Europa ist die Geburtsstätte des Evangeliums im Westen; und doch gibt es in den meisten Ländern dort keinerlei Anzeichen einer Erweckung. Aber ich weiß, daß Gott in Europa wirken will, und ich bete im Heiligen Geist für diese Länder. Wegen der Unterdrückung und dem Widerstand, die in den osteuropäischen Ländern herrschen, liegen mir diese speziell am Herzen. Gott wacht ganz besonders über all die Christen, die sich in Osteuropa nur heimlich versammeln können, und ich muß für ihre Sicherheit und das Gelingen ihrer Vorhaben beten.

Auch in Afrika, Australien und Neuseeland will Gott wirken. Ich fühle mich diesen Ländern besonders verbunden, weil sie im Gebet in meinem Geist sind.

Dann ist da noch mein eigener Kontinent, Asien. Von allen armen Ländern der Welt ist Asien am ärmsten, was das Evangelium betrifft. 80 Prozent der Menschen, die noch nie das Evangelium gehört haben, leben in Asien. Wir haben einen Dienst für China, über den ich aus verständlichen Gründen nichts schreiben kann, und so stehe ich im Gebet für diese Nöte ein.

Sie können sehen, daß ich mindestens die Hälfte meiner morgendlichen Stillen Zeit allein damit zubringe, für die großen Nöte des Leibes Christi auf der ganzen Welt zu beten. Schließlich nehme ich mir noch Zeit, für mich selbst zu beten. Ehe ich mich versehe, ist es sieben Uhr, und ich muß mich fertigmachen, um in mein Büro zu gehen.

Während des Morgens spüre ich die Kraft, die ich durch das Gebet empfangen habe. Wenn ich predige, merke ich, daß Gottes Salbung auf mir ist. Wenn ich Seelsorgegespräche habe, gibt Gott mir seine Weisheit. Wenn ich lehre, habe ich Gottes Erkenntnis. So arbeite nicht ich, sondern Gott durch mich, um so seine Pläne zu verwirklichen.

Am Nachmittag, nach dem Mittagessen, ziehe ich mich erneut zurück, um vor dem Herrn still zu sein. Warum? Weil ich als Botschafter Christi die neusten Anweisungen aus der Zentrale brauche. David sagte: »Abends und morgens und mittags will ich klagen und seufzen, und er wird meine Stimme hören« (Ps. 55,18 — Zürcher).

Eines der größten Probleme bei Christen, die den Wunsch haben, länger zu beten, besteht darin, daß sie nicht bereit sind, jeden Tag immer wieder für dasselbe zu beten. Sie denken, es reiche aus, einmal für etwas zu beten. Doch Gott gab Israel in der Wüste täglich das Manna. Das Manna von gestern hielt nicht länger als 24 Stunden. So brauchen auch wir tägliche Gemeinschaft mit unserem Erlöser. Wir essen, schlafen und atmen ja auch jeden Tag. Die Nahrung, die wir gestern aufgenommen haben, reicht für heute nicht mehr aus. Der Atemzug, den wir gerade getan haben, reicht nicht lange aus, wir müssen ständig weiteratmen, sonst sterben wir. Jesus sagte: »Unser tägliches Brot gib uns Tag für Tag.« Er hat nicht gesagt, daß wir Brot empfangen sollen, damit wir nie wieder zu essen brauchen.

Mein Tag endet abends im Gebet. Ich habe Gott so viel zu danken, weil er mir täglich seine Treue beweist. Morgen werde ich neuen Herausforderungen gegenüberstehen, aber Gott wird mir seine Gnade geben, um sie zu bestehen. Wenn ich an irgendeinem Punkt versagt habe, bitte ich Gott um mehr Gnade und Weisheit; wenn ich Erfolg hatte, so gebe ich Gott dafür die Ehre.

Das Leben sähe völlig anders aus ohne die täglichen Gebetsstunden. Keiner weiß, welchen Problemen ich gegenüberstände, würde ich nicht täglich beten. Ich weiß, daß Satan mich als Pastor der größten Gemeinde der Welt täglich zu zerstören sucht. Wenn er mich dazu verführen könnte, in meinem Gebetsleben einen Abkürzungsweg zu gehen, dann könnte er mich mit seinen Angriffen verletzen. Darum kann ich es mir nicht leisten, auch nur eine einzige Stunde meiner Gebetszeit wegfallen zu lassen. Denn ich weiß, daß dies die Quelle meiner inneren Kraft ist.

Wollen Sie mit mir zusammen dafür beten, daß Gott Ihnen ein größeres Verlangen zu beten schenkt, mehr Kraft und Disziplin, länger zu beten? Denken Sie daran, wieviel mehr Frucht Sie in Ihrem Dienst, bei Ihrer Arbeit oder in der Schule bringen könnten, wenn Sie den Entschluß fassen würden, Ihre Gebetszeit zu verlängern.

Kapitel 16

Beten im Heiligen Geist

»Wie soll es denn nun sein? Ich will mit dem Geist beten und will auch mit dem Verstand beten; ich will mit dem Geist Psalmen singen und will auch mit dem Verstand Psalmen singen« (1. Kor. 14,15).

Paulus bezeugt: »Ich danke Gott, daß ich mehr in Zungen rede als ihr alle« (1. Kor. 14,18). Dies sagte er zu einer Gemeinde, die er ermahnen mußte, weil sie die Gaben des Geistes zu viel gebrauchten. Paulus benutzte seine Gebetssprache mehr als alle anderen in der Gemeinde zu Korinth, aber er war durch Gottes Liebe dazu bewegt.

Warum sollen wir im Geist beten? Paulus lehrt: »Wer in Zungen redet, der erbaut sich selbst . . .« (1. Kor 14,4). Auch Judas nennt dieses Prinzip noch einmal: »Ihr aber, Geliebte, erbaut euch auf eurem heiligsten Glauben, betet im heiligen Geist« (Judas 20 — Elberfelder). So ist also das Beten in der Gebetssprache ein Mittel, um sich selbst geistlich aufzuerbauen.

Meine Gebetssprache ist für mich ein großer geistlicher Segen. Wenn es uns keinen Nutzen bringen würde, im Geist zu beten, hätte Gott uns niemals diese kostbare Gabe gegeben. Bevor Jesus in den Himmel auffuhr, sagte er: »Die Zeichen aber, die denen folgen werden, die glauben, sind diese: in meinem Namen werden sie böse Geister austreiben, in neuen Zungen reden« (Mk. 16,17).

Als junger Christ konnte ich noch nicht sehen, welche Bedeutung die Sprachengabe für mein Leben als Christ hatte. Je länger ich jedoch an Jesus Christus glaube, desto stärker merke ich, wie ungeheuer wichtig die Sprachengabe für mein eigenes Leben als Christ ist. Einen Großteil meiner Gebetszeit verbringe ich damit, daß ich in Sprachen bete. So wie Paulus bete ich sowohl im Geist als auch mit dem Verstand.

In der Gemeinde spreche ich lieber in einer Sprache, die alle verstehen können. Doch in meiner persönlichen Gebetszeit gebrauche ich meine Gebetssprache sehr viel. Die Bibel sagt: »Denn wer in Zungen redet, der redet nicht für Menschen, sondern für Gott; denn niemand versteht ihn, vielmehr redet er im Geist geheimnisvolle Dinge« (1. Kor. 14,2).

Da Paulus sagt, daß keiner die Gebetssprache verstehen kann außer

Gott, kann unser Gebet nicht von geistlichen Mächten behindert werden, so wie Daniel es erlebte. Unser Geist kann durch den Heiligen Geist ungehindert und direkt mit Gott in Verbindung stehen.

Manchmal verspüre ich eine Gebetslast, weiß jedoch nicht genau, wofür ich beten soll. Oder mir fehlen die Worte, um das auszudrücken, was ich fühle. Wenn dies so ist, dann gehe ich in meine Gebetssprache über. Meine menschliche Unfähigkeit, Gott nicht sagen zu können, was ich empfinde, kann ich so überwinden. Im Heiligen Geist kann ich direkt in die Gegenwart meines Vaters treten.

Das Wort, das im Griechischen für Aufbauen verwandt wird, heißt *oikodomeo* und bedeutet: einen Stein auf den anderen setzen. Wenn man im Heiligen Geist betet, kann man richtig spüren, daß der eigene Glaube aufgebaut wird.

Da ich weiß, wie wichtig es ist, daß meine Predigten in den Herzen von Tausenden Glaube und Hoffnung aufbauen, verbringe ich viel Zeit damit, meinen eigenen Glauben aufzubauen, indem ich im Heiligen Geist bete.

Ich weiß, daß viele meiner evangelikalen Freunde diese wichtige Gabe des Geistes nicht in Anspruch nehmen. Aber sie sind deswegen nicht Christen zweiter Klasse. Ich glaube, daß der Heilige Geist in unserer Zeit alle Christen dazu drängt, geistlich näher zusammenzurücken. Wir stimmen vielleicht nicht in allen Fragen überein, wir sehen vielleicht nicht alle die Bedeutung des Gebrauchs der Sprachengabe, aber wir können nicht die Tatsache leugnen, daß sie im Neuen Testament gebraucht wurde. Ich könnte kein Buch über das Gebet schreiben, ohne nicht ehrlich von dem zu sprechen, was mir eine große geistliche Hilfe im Gebet ist.

Im Leben jedes Christen spielt sich ein ständiger innerer Kampf ab. Der Geist kämpft dauernd gegen das Fleisch. Wenn Sie sich selbst geistlich auferbauen, werden Sie die Kraft haben, das Fleisch zu überwinden, das versucht, Sie herunterzuziehen.

Gerade heute bekam ich einen Brief von einem koreanischen Bauingenieur in Singapur. Er klagte darüber, wie schwach er sei, und daß er schon oft versucht habe, mit dem Rauchen aufzuhören, nicht mehr zu schimpfen und zu fluchen und nichts Schlechtes mehr zu tun. Seit er Christ geworden war, hatte er schon viele Versuche dagegen unternommen, aber jedesmal versagt. Nun fragte er mich, was er tun könne, um sich selbst geistlich zu stärken. Welche Hilfe gibt es für einen solchen schwachen Christen? Ich antwortete ihm, er solle den Gebrauch der Gebetssprache entwickeln. Wenn er lernt, im Heiligen Geist zu beten, dann wird der Heilige Geist ihn so weit geistlich auferbauen, daß er stark genug wird, all die Versuchungen des Fleisches überwinden zu können.

»Ebenso hilft auch der Geist unserer Schwachheit auf. Denn wir wissen nicht, was wir beten sollen, wie sich's gebührt; sondern der Geist selbst tritt für uns ein mit unaussprechlichem Seufzen« (Röm. 8,26).

In diesem Vers sagt Paulus, daß der Heilige Geist selbst für uns eintritt. Im Heiligen Geist zu beten heißt, die Gebetssprache zu gebrauchen. Wenn wir in unserer Schwachheit Hilfe erfahren wollen, dann müssen wir in unserer Gebetssprache beten. Der Heilige Geist kennt unsere geistlichen Nöte besser als wir selbst. Er gebraucht jedoch unsere Zunge, um für unsere Nöte zu beten. Gelobt sei Gott für den Heiligen Geist!

Eine meiner Zellgruppenleiterinnen machte eine ungewöhnliche Gebetserfahrung, die das, was ich gesagt habe, unterstreicht. Diese Frau wollte zu ihrem Zellgruppentreffen gehen. Sie schloß ihre Haustür ab und machte sich auf den Weg zu dem Haus, in dem das Treffen stattfinden sollte. Als sie schon ein Stück gegangen war, verspürte sie eine seltsame Empfindung in ihrem Herzen. Eine schwere Last legte sich auf sie. Sie fiel auf ihre Knie und begann zu beten. Schon bald ging sie von Koreanisch auf die Gebetssprache über. Nach einer Weile verschwand die Last, und sie wußte, daß Gott sie gehört hatte und die Antwort auf dem Weg war.

In der Zellgruppe sprach die Leiterin unter einer starken Salbung des Heiligen Geistes. Als sie wieder nach Hause kam, stellte sie fest, daß bei ihr eingebrochen worden war. Auf der Suche nach Wertgegenständen hatte der Einbrecher ihre Kleidung auf dem ganzen Fußboden verstreut. Aber etwas Merkwürdiges war geschehen. Sowohl ihr Schmuck als auch ihr Bargeld, was beides nicht versteckt gewesen war, lagen unberührt da. Irgendwie war der Einbrecher für die eigentlichen Wertgegenstände in der Wohnung blind gewesen. Wir glauben, daß der Heilige Geist die Situation sah und die Leiterin, nachdem sie angefangen hatte zu beten, dazu drängte, im Geist weiterzubeten. Als der Heilige Geist für sie eintrat, wurde der Einbrecher daran gehindert, die Wertgegenstände zu stehlen. Gott sah, und Gott griff ein!

Während des Vietnamkrieges zogen viele junge Männer aus unserer Gemeinde mit den amerikanischen Alliierten in den Krieg, um im vietnamesischen Dschungel zu kämpfen. Viele der Eltern kamen zu mir und sagten: »Wir wissen nicht, wie und wofür wir beten sollen. Bitte helfen Sie uns, denn wir haben ja keine Ahnung, in welcher Situation sich unsere Söhne befinden.« Meine Antwort darauf war: »Da wir nicht wissen, wofür wir beten sollen, können wir doch einfach Gott bitten, unsere Gebetssprache zu gebrauchen.« So beteten wir: »Lieber Vater im Himmel, bitte gebrauche unsere Gebetssprache und bete durch uns für unsere Kinder. Bitte kümmer du dich um alles, was sie heute brauchen. Du weißt, wo sie sind. Du kennst ihre Lage.« Danach beteten wir alle in unserer Gebetssprache und hielten damit an, bis die Last verschwand. Es gab immer wieder Eltern, die mehrere Tage im Geist beteten, bis die Last von ihrem Herzen wich.

Ich bezeuge zur Ehre und zum Lob Gottes, daß während des Vietnamkrieges keiner unserer jungen Männer umgekommen ist. Die Kugeln sind wohl geflogen, aber unsere Söhne wurden durch den Heiligen Geist beschützt!

Darum lasse ich das nicht außer acht, was Gott mir in seiner Gnade gegeben hat. Ich bitte Sie, mit Gott über diese wichtige Gebetsart zu sprechen. Bitten Sie Gott, Ihnen zu zeigen, wie Sie auf ganz neue Weise durch den Heiligen Geist geschützt, aufgebaut und gestärkt werden können. Und den anderen, die schon im Geist beten, möchte ich sagen: Löschen Sie den Geist nicht aus! »Seid dankbar für alles; denn das ist der Wille Gottes in Christus Jesus für euch. Den Geist löscht nicht aus. Prophetische Weisungen verachtet nicht. Prüft aber alles, und das Gute behaltet« (1. Thess. 5,18-21).

Wenn wir Fürbitter sein wollen, müssen wir das Verlangen haben, in die Bresche zu treten. Fürbitte tun, heißt »dazwischen treten«. Wir müssen bereit sein, uns zwischen die Not und Gott zu stellen. Gott ist der einzige, der in der Lage ist, die Not zu wenden.

Wir müssen auch dazu bereit sein, uns zu unerwarteten Zeiten und an Orten, wo wir nicht damit rechnen, vom Heiligen Geist im Gebet gebrauchen zu lassen. Wir müssen dazu bereit sein, uns vom Heiligen Geist gebrauchen zu lassen, um für Nöte zu beten, von denen wir aus uns selbst heraus nichts wissen. Es mag sein, daß es sich dabei um Nöte in einem anderen Teil der Welt handelt, und doch will der Heilige Geist vielleicht gerade uns dazu gebrauchen, um dieser Not im Gebet zu begegnen. Gott hält Ausschau nach Menschen, die bereit sind, sich von ihm gebrauchen zu lassen. Um erfolgreich Fürbitte tun zu können, sollten wir auch bereit sein, im Heiligen Geist zu beten.

Kapitel 17

Das Gebet des Glaubens

Der Glaube gibt dem Gebet Kraft und Erfolg. Wenn wir ohne Glauben beten, dann sind unsere Gebete nichts anderes als Geräusche. Sie gelangen nicht weiter als bis zur Zimmerdecke. In der Bibel steht: »Aber ohne Glauben ist's unmöglich, Gott zu gefallen; denn wer zu Gott kommen will, der muß glauben, daß er ist und daß er denen, die ihn suchen, ihren Lohn gibt« (Hebr. 11,6). Mit anderen Worten, wenn wir im Gebet zu Gott kommen, müssen wir in der Haltung des Glaubens kommen. Gott überläßt es nicht unserer Entscheidung, ob wir mit oder ohne Glauben beten; wenn unsere Gebete erhört werden sollen, müssen wir mit Glauben beten. Darum wird Gott Gebete, die im Zweifel gesprochen sind, nicht hören.

Wie können wir das Gebet des Glaubens lernen?

Um Glauben im Gebet zu entwickeln, möchte ich Ihnen als Hilfe drei grundlegende Schritte nennen, die Sie anwenden können:

1. Unser Glaube muß klar auf ein Ziel gerichtet sein!
Was für das Gebet gilt, trifft auch für den Glauben zu: Er muß auf ein konkretes und eindeutiges Ziel gerichtet sein. So wie eine Rakete von der Rampe auf ein bestimmtes Ziel abgeschossen und der Computer auf die entsprechenden Koordinaten eingestellt wird, so müssen auch unsere Gebete des Glaubens zielgerichtet sein.

Ein Mann bat mich: »Pastor Cho, bitte beten Sie dafür, daß der Herr mich segnet.« Ich antwortete ihm: »Welche Art Segen möchten Sie haben? In der Bibel gibt es tausend verschiedene Segen. Ihre Bitte muß konkret sein, damit sie beantwortet wird. Wenn Sie nicht konkret bitten, wie wollen Sie dann wissen, wann Gott Sie erhört hat?«

Wenn Sie in finanziellen Schwierigkeiten sind, dann beten Sie nicht nur einfach: »Herr, ich brauche Geld, bitte hilf mir!« Sondern wir müssen beten: »Herr, ich brauche 10 000 Dollar für die unbezahlten Rechnungen, und ich bitte Dich um diese 10 000 Dollar, damit ich meine Rechnungen bezahlen kann und über Deinen Knecht keine Schande kommt.« Wenn Sie 10 000 Dollar brauchen, dann bitten Sie konkret um diese Summe! Wenn Sie 589,50 Dollar brauchen, dann bitten Sie nicht für ungefähr 600 Dollar, sondern bitten Sie genau um die Summe, die Sie benötigen!

Zielgerichtete und konkrete Gebete erhört Gott immer. Alles, was Gott tut, hat einen Plan und einen Zweck. In 1. Mose 1 und 2 lesen wir, daß Gott die Schöpfung innerhalb ganz genauer Zeitabschnitte, die Tage genannt wurden, ins Dasein rief. Als Gott Mose auftrug, das Heiligtum zu bauen, gab er ihm klare Anweisungen. Mose brauchte nicht selbst zu überlegen, ob die Länge des Zeltes vielleicht zwanzig Ellen (die Spanne zwischen Ellenbogen und Fingerspitze) betragen sollte; nein, Gott teilte ihm die genaue Länge und Breite mit. So ist Gott also ein präziser Gott, und er erwartet, daß wir präzise beten!

Glaube ist ein Überzeugtsein von *Dingen*, die man nicht sieht! Damit sind konkrete Dinge gemeint, auf die man hofft, nicht irgend etwas Allgemeines. Und der Glaube ist eine Zuversicht auf das, was man hofft — auch das ist konkret (siehe Hebr. 11,1).

2. *Das Gebet des Glaubens muß uns in Träume und Visionen hineinführen!*

Der Prophet Joel sagte: »Und nach diesem will ich meinen Geist ausgießen über alles Fleisch, und eure Söhne und Töchter sollen weissagen, eure Alten sollen Träume haben, und eure Jünglinge sollen Gesichte sehen« (Joel 3,1). Wie sehen die jungen Männer Visionen und die Alten Träume? Sie können dies, weil Träume und Visionen die Sprache des Heiligen Geistes sind.

Als Paulus von Abrahams Glauben spricht, sagt er: ». . . vor Gott, dem er geglaubt hat, der die Toten lebendig macht und was nicht ist ins Dasein ruft« (Röm. 4,17). Der Römerbrief beschreibt nicht nur das Wesen des Glaubens von Abraham, sondern auch das Wesen des Gottes, auf dem sein Glaube ruhte. Abraham konnte an Gott glauben, denn dieser hatte ihm zu seiner Verheißung eine Vision gegeben — der Glaube ging so weit, daß das, was dem Auge nicht sichtbar war, durch den Glauben trotzdem zur Realität gehörte. Darum »zweifelte (Abraham) nicht« an der Verheißung Gottes. Weil Gott es gesagt hatte, glaubte Abraham — er sah nicht auf seinen Leib und seine Unfähigkeit, im Alter von hundert Jahren noch Nachkommen zu zeugen. In seinen Visionen und Träumen hatte Abraham die Realität vor sich.

Erst seit kurzem erkennen Psychologen und Ärzte die Bedeutung der Visualisation. Neuesten Berichten zufolge wird bei der Ausbildung von Athleten die Methode der Visualisation eingesetzt. Das heißt, der Athlet wird aufgefordert, sich in seiner Vorstellung auszumalen, wie er das Rennen gewinnt, wie er über eine höhere Stange springt oder den Speer weiter wirft, als er es je zuvor vermochte. Indem der Athlet dies tut, stellt sich sein Körper auf den Erfolg ein. Wenn er sich in seiner Vorstellung ausmalt, daß er das nächste Mal schlechter abschneiden wird, dann wird seine Leistung auch dementsprechend ausfallen. Wenn er sich jedoch Erfolg vorstellt, dann kann er auch mit ungewöhnlichem Erfolg auftreten.

So ist es auch mit dem Gebet des Glaubens. Wir müssen lernen, uns die Antworten vorzustellen, bevor sie Gott uns gibt — die Dinge, die nicht sind, sehen, als wären sie. Wenn Sie sich als kinderloses Ehepaar nach einem Kind sehnen und nach dem Glück, das dieses mit sich bringt, dann beginnen Sie, in Ihren Träumen und Visionen dieses Kind zu sehen. Sie und Ihr Ehepartner sollten nicht nur beten und Gott um ein Kind bitten, sondern auch anfangen, ein kleines Baby zu sehen, einen Jungen oder ein Mädchen, fröhlich und gesund, das Ihr Leben mit Glück erfüllt. Lassen Sie des Nachts diesen Traum in Ihrem Herzen sein. Lassen Sie dies am Morgen Ihre Vision sein. Genauso wie Abraham und Sara durch den Glauben ihre Kinder schon sehen konnten und nicht darauf achteten, daß sie beide schon längst aus dem Alter heraus waren, in dem sie noch Kinder bekommen konnten, so können auch Sie sehen, wie das Kind Ihres Glaubensgebets ins Leben gerufen wird.

Abraham sollte sich in der Nacht die Sterne ansehen und sie zählen. So zahlreich sollten seine Nachkommen sein. Er wurde überwältigt, als er sich die Erfüllung seines Glaubens vorstellte, er »empfing« Gottes Verheißung. Ein andermal sollte Abraham auf einen Berg steigen und nach Osten, Norden, Süden und Westen sehen — so weit sein Auge reichte, sollte alles Land ihm gehören. In seiner Vorstellung empfing er erneut den Samen der Verheißung Gottes. Diese Vision gebrauchte Gott, um Abrahams Glauben aufzubauen.

Der Mensch weiß immer noch sehr wenig darüber, wie sein Verstand und sein Körper funktionieren. Er ist dabei, den Weltraum zu erforschen, aber über den Raum seines inneren Wesens weiß er nur sehr wenig. Der Mensch weiß schon wenig über seinen Körper und seinen Verstand, aber über das Leben seines Geistes weiß er noch weniger. Von der Methode der Visualisation spricht man als einer neuen Entdeckung, aber Gott hat an vielen Stellen in der Bibel dieses Prinzip bereits offenbart.[5]

Gott hat uns verheißen, uns die Wünsche unseres Herzens zu erfüllen. Wie ich bereits in Teil II, in dem Kapitel »Gebet ist Bitte«, ausgeführt habe, müssen unsere Wünsche allerdings in Übereinstimmung mit dem Wort Gottes, der Bibel, sein!

Wenn zum Beispiel eine junge, gläubige Frau um einen Mann bittet und dann einen Mann trifft, der kein Christ ist, dann ist dieser Mann nicht

---

5 Lesen Sie: DIE VIERTE DIMENSION, Band 1.

Gottes Antwort auf ihr Gebet. Warum nicht? Das Wort Gottes sagt bereits: »Zieht nicht gemeinsam mit den Ungläubigen am fremden Joch. Denn was hat die Gerechtigkeit zu schaffen mit der Ungerechtigkeit? Was hat das Licht für Gemeinschaft mit der Finsternis?« (2. Kor. 6,14). Ganz gleich, wie sehr die junge Frau auch darum beten mag, daß dieser Mann ihr Mann wird, Gottes Wort zeigt ganz deutlich, daß Gott dieses Gebet nicht erhören wird. Die junge Frau mag sehr konkret sein in ihren Gebeten, sie mag ihre Gedanken auf Träume und Visionen richten, sie mag sämtliche Verheißungen Gottes im Glauben in Anspruch nehmen. Aber Gott erhört nur Gebete, die in Übereinstimmung mit seinem offenbarten Wort, der Bibel, stehen.

Gott ist der Gott des ewigen »Jetzt«. Er sieht von Anfang an das Ende. Der Glaube, den Gott erhört, ist der »Jetzt«-Glaube, der im ersten Vers von Hebräer 11 erwähnt wird. Wenn wir im Glauben beten, bewegen wir uns in Gottes vierte Dimension hinein, in den Bereich des *Jetzt*-Glaubens. Wir betrachten die Erfüllung der Verheißung Gottes, die er uns gegeben hat, als bereits geschehen. Wir werden nicht schwach angesichts der Umstände, die vielleicht unmöglich erscheinen. Das heißt, wir stehen fest, ohne zu schwanken, und wissen, daß Gott treu ist und überschwenglich mehr tun kann, als wir erbitten oder uns ausdenken können.

Verlegen Sie Gottes Antwort nicht in die Zukunft: »Irgendwann wird Gott mich schon erhören!« Wir müssen die Dinge, die nicht sind, ins Dasein rufen. Abrams Name wurde in Abraham (Vater von Völkern) umgeändert, noch bevor ihm von seiner Frau Sara der erste Sohn geboren wurde. Können Sie sich vorstellen, wie die Menschen reagierten, die diesen mächtigen Mann kannten? Sie werden die Köpfe geschüttelt und sich gewundert haben, warum der alte Mann seinen Namen änderte, ohne die Erfüllung seiner Verheißung in Händen zu haben. Doch Abraham wankte nicht in seinem Glauben. Er hatte gelernt, im »Jetzt«-Glauben Gottes zu leben und die Dinge ins Dasein zu rufen, die noch nicht waren.

Abraham wird der Vater des Glaubens genannt, weil sein Glaube so lebendig war, daß dieser uns allen als Vorbild dient: »Daß es (der Glaube) ihm (Abraham) angerechnet wurde, ist aber nicht nur um seinetwillen geschrieben, sondern auch um unsertwillen ...« (Röm. 4,23-24). Wir müssen von Abraham lernen, wir müssen das Gebet des Glaubens lernen.

3. Um im Glauben zu beten, müssen wir alle Hindernisse beseitigen, die Gottes Antwort zunichte machen!

Das Gebet des Glaubens verlangt von uns, daß wir so lange beten, bis wir in unserem Herzen die Gewißheit haben, daß Gott uns gehört hat und die Antwort auf dem Weg ist. »Darum kommt der Glaube aus dem Hören, das Hören aber durch das Wort Gottes« (Röm. 10,17 — engl. Übersetzung). Im griechischen Urtext steht kein bestimmter Artikel »das«. Eine bessere

Übersetzung des Verses wäre also: »Glaube kommt aus dem Hören (*akouo*: verstehen) und das Hören durch ein Wort Gottes.« Glaube entsteht, wenn wir beten, wenn Gott uns verstehen läßt, daß er gehört hat, und wenn wir Gottes Zusicherung (ein Wort) empfangen, daß die Antwort auf dem Weg ist. Wenn wir aufhören zu beten, bevor wir diese Zusicherung empfangen haben, dann ist unser Glaube vielleicht noch nicht groß genug, um eine Gebetserhörung zu erleben.

Wir müssen auch sehr darauf achtgeben, wie wir reden! In Vers 9 des 10. Kapitels des Römerbriefes steht, daß Glauben mit Bekennen verbunden ist. In vielen Fällen verhindern Christen die Erhörung ihrer Gebete, weil sie Worte des Unglaubens aussprechen: »Ich habe gebetet, aber ich glaube nicht, daß Gott das tun wird!« Versuchen Sie nie, durch negatives Bekennen Gottes Mitleid zu erregen. Gott erhört nicht das, was aus Selbstmitleid gesprochen ist, sondern er erhört den Glauben. Gott läßt sich nicht durch Selbstmitleid beeinflussen: »Keiner kümmert sich um mich!« oder »Ich weiß, das wird danebengehen!« Räumen Sie alles Selbstmitleid aus, und beginnen Sie, im Glauben vorwärts zu gehen! Ihre Haltung kann sehr wohl die Stärke des Glaubens bestimmen, aus dem heraus Sie beten. Wenn Sie negative Aussagen bekennen, so zeigt dies, daß auch Ihr Herz negativ eingestellt ist! Denn wovon das Herz voll ist, fließt der Mund über.

Ein positives Bekenntnis bewirkt, daß Sie anfangen, Gott für die Antwort zu preisen, selbst bevor Sie etwas davon sehen! Sie werden morgens mit dem Wissen aufwachen, daß Gott Sie gehört hat, und mit Ihrem Munde werden Sie Gott preisen und ihm danken. Dies wird Ihren Glauben aufbauen und Gottes Hand dazu bewegen, die Not zu wenden.

Um im Glauben beten zu können, müssen wir alle Sünde aus unserem Leben ausräumen!

»Wenn uns unser Herz nicht verurteilt, können wir mit Zuversicht zu Gott kommen, und was wir bitten, werden wir von ihm bekommen; denn wir halten seine Gebote und tun, was ihm gefällt« (1. Joh. 3,21-22).

Wenn Sie in Ihrem Leben Sünde haben, dann bekennen Sie diese schnell dem Vater! Warten Sie nicht bis morgen! Tun Sie es jetzt! Reinigen Sie Ihr Herz vor Gott, damit der Gebetskanal zwischen Ihnen und Ihrem Vater im Himmel rein ist: »Wenn wir aber unsre Sünden bekennen, ist er treu und gerecht und vergibt uns die Sünde und macht uns rein von aller Ungerechtigkeit« (1. Joh. 1,9).

Gott kann uns davor bewahren, daß nichts, keine Sünde, Bitterkeit, Haß oder Angst, das Maß des Glaubens behindert, das uns gegeben ist. Dieses Maß des Glaubens kann wachsen und sich entfalten, so daß wir im Glauben beten können! Als Folge solcher Gebete werden wir Wunder erleben: »Und das Gebet, das im Glauben geschieht, wird dem Kranken helfen, und der Herr wird ihn aufrichten; und wenn er Sünden getan hat, wird ihm vergeben werden« (Jak. 5,15).

Kapitel 18

Auf Gottes Stimme hören

Gebet ist ein Dialog, nicht ein Monolog. Um effektiv zu beten, müssen wir sowohl auf Gott hören als auch mit ihm sprechen. Da Gott uns in eine Liebesbeziehung hineingerufen hat, müssen wir erkennen, was es heißt, in solch einer Beziehung zu stehen. Ob wir nun Gottes Stimme in der Weise hören, daß wir ein tieferes Verständnis der Bibel erlangen oder aber Gottes Führung für unser Leben erkennen — in jedem Fall ist es von äußerster Wichtigkeit, zu wissen, wie wir Gottes Stimme hören können.

Um Gottes Stimme hören zu können, müssen wir die richtige Haltung haben. »Wenn jemand dessen Willen tun will, wird ihm klar werden, ob diese Lehre von Gott ist oder ob ich aus mir selbst rede« (Joh. 7,17). In diesem Vers zeigt uns Jesus, wie wichtig es ist, daß wir bereit sind, Gottes Willen zu tun. Wenn wir Gottes Willen nicht tun wollen, können wir Gottes Stimme nicht deutlich hören. Unser Wunsch, Gottes Stimme zu hören, muß eingebettet sein in eine Haltung der Bereitwilligkeit. Warum sollte Gott zu jemandem reden, der nicht bereit ist, zu gehorchen?

Ein weiteres wichtiges Prinzip beim Hören auf Gott ist das, was Jesus »ein Ohr zu hören« nennt. Im Lukasevangelium sagte Jesus seinen Jüngern: »Laßt diese Worte in eure Ohren dringen: Der Menschensohn wird in die Hände der Menschen ausgeliefert werden« (Lk. 9,44). Die Jünger verstanden nicht, was Jesus sagte, obwohl sie es mit ihren Ohren hörten: »Aber sie verstanden dieses Wort nicht, und es blieb ihnen verborgen, so daß sie es nicht begreifen konnten. Und sie fürchteten sich, ihn nach diesem Wort zu fragen« (Lk. 9,45).

Warum verstanden die Jünger diese Worte nicht, obwohl sie sie doch klar und deutlich hörten? Sie hatten kein Ohr, zu hören. Solange Jesus Wunder vollbrachte und dadurch die Kraft des zukünftigen Reiches sichtbar machte, waren sie bereit, Jesu Lehre zu verstehen, wenigsten, was die Auswirkungen auf die jetzige Zeit betraf. Doch nun sprach Jesus davon, daß sie ihn, ihren Herrn und Messias, verlieren würden. Dies wollten sie nicht hören, und darum verstanden sie es auch nicht.

Bei lernpsychologischen Untersuchungen haben Pädagogen entdeckt, daß die Fähigkeit, einen bestimmten Stoff zu begreifen und zu behalten, eng mit dem Interesse des Schülers an diesem Stoff verbunden ist. Wenn der Schüler mit dem Stoff vertraut ist, wird er ihn besser verstehen, als wenn er ihm fremd ist. Wenn der Student erkennt, daß das, wovon die Rede ist, für sein Leben von Bedeutung ist, dann wird er aufmerksamer zuhören. Die Aussage, daß Jesus in die Hand seiner Feinde geraten würde, war keine positive Aussicht für die Jünger, sie hatten kein Interesse daran, darum hörten sie auch nicht zu.

Ein hörendes Ohr zu haben, heißt also, daß man in der Lage ist, das Gesagte zu verstehen, weil man die richtige Haltung hat: Gehorsam. Wenn wir nicht wirklich Gottes Willen tun wollen, werden wir nicht die Fähigkeit haben, Gottes Stimme zu hören.

»Wer Ohren hat, der höre, was der Geist den Gemeinden sagt!« (Offb. 3,6). Dieser Vers wird in Kapitel 2 und 3 der Offenbarung mehrfach wiederholt. Der Vers besagt, daß wir das, was der Geist sagt, nur hören können, wenn wir ein hörendes Ohr haben. Es geht nicht darum, ob wir hören wollen, sondern darum, ob wir die Fähigkeit haben, zu hören.

Wenn wir auf Gottes Stimme hören, dann korrigiert er oft falsche Einstellungen, die wir haben. Er gibt uns Rat und klare Weisung. Wenn wir gesündigt haben, dann überführt uns der Heilige Geist schnell von dieser Sünde. Wie können wir das »hörende Ohr« entwickeln, um zu hören, was der Heilige Geist uns sagt? Wir müssen lernen, dem zu gehorchen, was wir bereits als Gottes Willen erkannt haben. Warum sollte Gott uns neue Weisung geben, wenn wir dem nicht gehorchen, was wir bereits als seinen Willen erkannt haben?

Wenn wir Sünde in unserem Leben haben, die uns davon abhält, Gott zu gehorchen, dann müssen wir diese Sünde schnell bekennen und sie unter Jesu Blut bringen. So kommen alle Probleme vom Tisch, und wir können erneut in einer Liebesbeziehung zu Jesus Christus stehen und seine Stimme hören.

Beim Hören auf Gott ist Gottes Zeitplan von äußerster Wichtigkeit! Gott kann zu uns sprechen, aber wir müssen für seinen Zeitplan offen sein. Gottes Zeit zu erkennen, erfordert Disziplin und Geduld: »Gott der Herr hat mir eine Zunge gegeben, wie sie Jünger haben, daß ich wisse mit den Müden zu rechter Zeit zu reden. Alle Morgen weckt er mir das Ohr, daß ich höre, wie Jünger hören« (Jes. 50,4).

Um zu wissen, wie wir auf Gott hören und wie wir zu seiner Zeit handeln können, ist es wichtig, daß wir uns den Zusammenhang ansehen, in dem dieser Vers steht. Jesaja 50 beginnt damit, den traurigen Zustand Israels zu beschreiben. Dann stellt Gott die rhetorische Frage: Warum? Die Antwort darauf ist, daß Gott, als er Israel mit seinem Segen heimsuchen wollte, keinen Menschen fand, der ihm als Werkzeug zur Verfügung stand. Dann lesen wir den eben zitierten Vers, einen prophetischen Vers, der sich auf das Kommen des Messias bezieht. Doch das Prinzip, das Gott hier zeigt, trifft auch auf alle anderen zu, die das Verlangen haben, Gottes Stimme zu hören und ihr zu gehorchen. Wir müssen nicht nur das richtige Wort wissen, sondern wir müssen auch zur rechten Zeit reden und gehorchen.

Vor vielen Jahren begegnete ich einem Mann des Glaubens, der in Amerika den ersten christlichen Fernsehsender errichtet hatte. In Kalifornien strahlte er bereits Radiosendungen aus. Als ich bei ihm zu Hause war, überzeugte er mich von der Notwendigkeit, auch in Korea einen christlichen Radiosender zu haben. Wir trafen alle Vorbereitungen, kauften die nötigen, teuren Anlagen und stellten Mitarbeiter dafür ein. Aber trotz aller Bemühungen bekam ich keine Genehmigung. Ich betete beständig zu Gott, doch ohne Erfolg. Es war nicht die richtige Zeit. Heute wird mein Radio- und Fernsehprogramm in ganz Korea ausgestrahlt. Die richtige Zeit ist gekommen!

Seien Sie darum bereit zu gehorchen. Bleiben Sie in der richtigen geistlichen Haltung. Gehorchen Sie dem, was Sie bereits als Gottes Willen erkannt haben. Und beginnen Sie, wenn Sie beten, sehr aufmerksam zu hören. Sie haben vielleicht noch nicht den richtigen Zeitplan erkannt, aber Gott wird Sie den Weg führen, den Sie gehen sollen. Er hat seine Weisung versprochen. »So soll das Wort, das aus meinem Munde geht, auch sein: Es wird nicht wieder leer zu mir zurückkommen, sondern wird tun, was mir gefällt, und ihm wird gelingen, wozu ich es sende« (Jes. 55,11).

Gott möchte, daß wir Männer und Frauen sind, die ein Ohr haben zu hören, was der Heilige Geist der Kirche sagt. Das Problem besteht jedoch nicht darin, daß Gott aufgehört hätte zu sprechen, sondern vielmehr darin, daß wir nicht zuhören.

Das allerwichtigste beim Hören auf Gott ist die Erkenntnis, daß Gott ein liebender Vater ist und wir seine Kinder, durch Jesus Christus, unseren Herrn.

Als Vater von drei Söhnen kann ich diese Beziehung, die wir zu Gott haben, besonders schätzen. Obwohl sich meine drei Söhne sehr ähnlich sehen, haben sie alle ein sehr unterschiedliches Wesen. Jeder meiner Söhne hat seine charakteristische Weise, wie er zuhört und begreift. Da meine Söhne unterschiedlich alt sind, muß ich mit jedem in anderer Weise sprechen. Ich habe die Verantwortung, so mit ihnen zu reden, daß sie mich verstehen können. Mit meinem jüngsten Sohn spreche ich anders als mit meinem ältesten. Unser Vater im Himmel macht es genauso.

Er sehnt sich noch mehr danach, Gemeinschaft mit uns zu haben, als wir uns nach Gemeinschaft mit ihm sehnen. Er weiß genau, auf welchem geistlichen Stand wir uns befinden, und redet entsprechend mit uns.

Er richtet sein Wort auf verschiedene Weise an uns. Jeremia weissagte: »Ist mein Wort nicht wie ein Feuer, spricht der Herr, und wie ein Hammer, der Felsen zerschmeißt?« (Jer. 23,29).

So kann Gottes Wort uns also so mächtig wie ein Feuer erreichen und in uns eine Antwort entzünden; oder aber es kommt wie ein Hammer und zerschlägt allen Widerstand. Es kann aber auch sein, daß Gott mit seinem Wort unseren Verstand anspricht und nicht so sehr unsere Gefühle: »So kommt denn und laßt uns miteinander richten . . .« (Jes. 1,18).

Ganz gleich, auf welche Weise Gott zu uns spricht, wir müssen lernen zu hören und dürfen nie vergessen, das, was wir gehört haben, anhand des offenbarten Wortes Gottes, der Bibel, zu prüfen. Dies war das besondere Anliegen des Apostels Johannes, als er schrieb:

»Und wer seine Gebote hält, der bleibt in Gott und Gott in ihm. Und daran erkennen wir, daß Gott in uns bleibt: an dem Geist, den er uns gegeben hat. Ihr Lieben, glaubt nicht jedem Geist, sondern prüft die Geister, ob sie von Gott sind; denn es sind viele falsche Propheten in die Welt gekommen« (1. Joh. 3,24-4,1).

So ist der Heilige Geist also in der Lage, uns in eine geistliche Sensibilität hineinzuführen, durch die wir das, was wir hören, prüfen (beurteilen) und zwischen Gottes Weisung und den Stimmen von Menschen beziehungsweise Satans Stimme unterscheiden können. In welcher Weise werden wir von Gott geführt? Wir bleiben in ihm und halten seine Gebote. So wie ein Kassierer in der Bank gefälschte Banknoten von echten unterscheiden kann, weil er durch seinen Beruf die echten bestens kennt, so sind auch wir in der Lage, Gottes Stimme von anderen zu unterscheiden, weil wir in Gott bleiben und ihm gehorchen.

In Matthäus lesen wir: »Wenn dann jemand zu euch sagen wird: Siehe, hier ist der Christus! oder: da!, so sollt ihr's nicht glauben. Denn mancher falsche Christus und falsche Prophet wird auftreten und große Zeichen und Wunder tun, so daß sie auch die Auserwählten in die Irre führen würden, wenn es möglich wäre« (Mt. 24,23-24).

Je mehr es dem Ende dieser Welt entgegengeht, desto mehr falsche Prophetie wird es in dieser Welt geben. Satan wird versuchen, die Kirche mit vielen Stimmen zu verführen. Aber diejenigen, die lernen, auf Gottes Stimme zu hören, werden nicht verführt, weil sie in der Lage sein werden, zu unterscheiden, ob Gott spricht oder aber der Widersacher. Wenn wir lernen, Gottes Stimme zu hören, können wir nicht von anderen Stimmen in die Irre geführt werden. Es wird immer wichtiger werden, daß wir lernen, die Geister zu prüfen und zwischen Gott und dem Teufel zu unterscheiden.

Jesus beschreibt noch ausführlicher, wie es am Ende dieser Welt aussehen wird: »Denn wie es in den Tagen Noahs war, so wird es auch beim Kommen des Menschensohns sein. Denn wie es in den Tagen vor der Sintflut war — sie aßen, sie tranken, sie heirateten und ließen sich heiraten bis zu dem Tag, an dem Noah in die Arche hineinging; und sie merkten nichts, bis die Sintflut kam und alle dahinraffte —, so wird es auch beim Kommen des Menschensohns sein« (Mt. 24, 37-39).

Die Zeit vor dem zweiten Kommen Jesu Christi wird die Endzeit genannt. Diese Zeit wird in den gerade zitierten Versen beschrieben. In den letzten Tagen wird es ähnlich zugehen wie in den Tagen, als Noah seine Arche baute. Als der Gerichtstag herannahte, verhielten sich die Menschen weiter so, als ob nichts geschehen würde. Sie waren sich nicht bewußt, welche Stunde es geschlagen hatte. So gehen auch heute die Menschen ihren normalen Geschäften nach und wissen nicht, daß das Ende der Zeiten nahe herbeigekommen ist. Sie hören nicht auf Gottes Stimme und werden nicht bereit sein, wenn der Herr kommt.

Wie wichtig ist es nun, da Jesu Wiederkunft immer näher bevorsteht, die Salbung des Heiligen Geistes zu haben und in Gemeinschaft mit ihm zu leben? Die Antwort auf diese Frage finden wir im Matthäusevangelium:

»Dann wird es mit dem Himmelreich sein wie mit zehn Brautjungfern, die ihre Lampen nahmen und dem Bräutigam entgegengingen. Aber fünf von ihnen waren töricht, und fünf waren klug. Denn die törichten nahmen zwar ihre Lampen, aber sie nahmen kein Öl mit. Die klugen aber nahmen Öl in ihren Gefäßen mit, samt ihren Lampen. Als nun der Bräutigam lange ausblieb, wurden sie alle schläfrig und schliefen ein. Um Mitternacht aber erhob sich ein lautes Rufen: Siehe, der Bräutigam! Geht ihm entgegen! Da standen die Brautjungfern alle auf und machten ihre Lampen fertig. Die törichten aber baten die klugen: Gebt uns etwas von eurem Öl, denn unsre Lampen verlöschen. Da antworteten die klugen: Nein, sonst würde es für uns und euch nicht reichen; geht aber zum Kaufmann und kauft euch selbst Öl. Und als sie hingingen, um etwas zu kaufen, kam der Bräutigam; die aber, die bereit waren, gingen mit ihm hinein zur Hochzeit, und die Tür wurde zugeschlossen« (Mt. 25,1-10).

Wenn wir lernen, auf Gottes Stimme zu hören, werden wir wissen, was der Herr tun wird: »Gott, der Herr, tut nichts, er offenbare denn seinen Ratschluß den Propheten, seinen Knechten« (Am. 3,7). Wenn wir lernen, auf Gott zu hören, wird uns das Kommen des Herrn nicht unvorbereitet treffen.

Wenn wir lernen, durch den Heiligen Geist in Christus zu bleiben, werden wir darauf achten, daß uns das Öl nicht ausgeht; wir werden wachsam sein und auf das zweite Kommen Christi warten.

Die meisten Christen auf der Welt sind sich heute nicht bewußt, wie weit die Zeit schon vorgerückt ist. Es ist daher dringend notwendig, daß wir lernen, täglich auf die Stimme Gottes zu hören!

Kapitel 19

Die Bedeutung des gemeinsamen Gebets

Wenn ich alleine bete, kann ich nur in der Kraft meines eigenen Glaubens beten. Wenn ich jedoch in einer Gruppe bete, mit meinen Brüdern und Schwestern in Christus, dann multipliziert sich die Kraft unseres Glaubens und ist viel stärker.

Mose sagte Israel, daß einer tausend verjagen kann, zwei jedoch zehntausend in die Flucht schlagen (siehe 5. Mose 32,30). Das Geheimnis, von dem Mose hier spricht, daß die Kraft zweier Menschen, die zusammenstehen, sich nicht nur addiert, sondern multipliziert, ist die Gegenwart Gottes, des Felsens. Jesus sprach von demselben Geheimnis, als er seinen Jüngern sagte, er sei mitten unter ihnen, wenn zwei oder drei in seinem Namen versammelt sind (Mt. 18,20). Schon wenn zwei Christen in Jesu Namen zusammenkommen, bewirkt dies automatisch, daß eine Offenbarung des Leibes Christi da ist. Es bewirkt die Erfüllung der Verheißung: Was wir auf Erden binden, wird im Himmel gebunden sein. Diese Verheißung galt nicht nur Petrus, sondern sie wurde der Gemeinde gegeben, die im Glauben zusammensteht (siehe Mt.18,18).

Die Jahre 1969 bis 1973 waren für mich eine Zeit der schlimmsten Prüfungen meines Lebens. Ich glaubte wirklich, daß ich in all der Angst, die mich zu jener Zeit umgab, ertrinken würde. Wir hatten gerade begonnen, unsere jetzige Kirche mit 10 000 Sitzplätzen und zur selben Zeit noch ein Hochhaus zu bauen — und wir hatten nicht genug Geld.

Die Entwertung des Dollars löste eine Wirtschaftskrise in Korea aus. Das Ölembargo zog uns noch tiefer in die Rezession. Viele unserer Gemeindemitglieder verloren ihre Arbeitsstelle, und unser Einkommen ging stark zurück. Inmitten dieser Krise schnellten unsere Baukosten wegen der nun folgenden Inflation explosionsartig in die Höhe. Menschlich gesehen gab es bloß noch eine Möglichkeit: den Bankrott.

Ich begann, in dem dunklen und feuchten, noch im Rohbau befindlichen Keller unserer neuen Kirche zu beten. Schon bald schlossen sich mir andere an, und gemeinsam drangen unsere Gebete vor den Thron im Himmel, und uns wurde geholfen. Während das Gebäude fertiggebaut wurde, sahen wir die Wichtigkeit des gemeinsamen Gebets. Tausende verbanden sich im Glauben, damit das Wunder geschehen konnte: heute ist es die größte Kirche in der Geschichte der Christenheit.

Kürzlich traf ich mich mit Dr. Billy Graham, um mit ihm zu beten und zu besprechen, wie Japan mit dem Evangelium zu erreichen ist. In Amsterdam sagte Dr. Graham: »In den letzten zweihundert Jahren hat sich das Christentum in Japan nicht wesentlich ausgebreitet.« Er berichtete mir, daß während seiner letzten großen Evangelisation in Osaka ein japanischer Leiter ihm sagte, daß dem japanischen Volk das Evangelium eigentlich noch nie wirklich klar und auf seine Verhältnisse bezogen verkündigt worden sei. Ich bete jetzt dafür, daß sich noch in diesem Jahrhundert zehn Millionen Japaner bekehren und ihre Knie vor Jesus Christus beugen. Meine ganze Kirche betet wie ein Mann für die Verwirklichung dieses Zieles. Wir haben ein eindeutiges Ziel und haben klare Methoden entwickelt. Wir glauben, daß jetzt die Zeit der Gnade für Japan ist!

Unter den 120 Millionen Japanern gibt es nur ungefähr 400 000 katholische und 300 000 evangelische Christen. Die japanische Gesellschaft ist größtenteils säkular, die Menschen streben nach Wohlstand und Macht. Was kann den Widerstand brechen, der in Japan seit Hunderten von Jahren dem Evangelium gegenüber besteht? Die Antwort ist beständiges und gemeinsames Gebet für dieses Land.

Jesus hat versprochen: »Wahrlich, ich sage euch weiter: Wenn zwei unter euch eins werden auf Erden, worum auch immer sie bitten wollen, dann soll es ihnen widerfahren von meinem Vater im Himmel. Denn wo zwei oder drei in meinem Namen versammelt sind, da bin ich mitten unter ihnen« (Mt. 18,19-20).

Ich habe gelesen, daß letztes Jahr am Neujahrstag 80 Millionen Japaner heidnische Heiligtümer besuchten, um dort den Götzen zu huldigen. Dies zeigt, daß dieses Land seit vielen Jahren von einer Macht gebunden wird. Wenn wir in unserer Kirche für die japanische Nation beten, beten wir gegen eine der stärksten Bastionen Satans. Obwohl die Japaner sehr höflich und zuvorkommend sind, sind sie nach wie vor, ohne es zu wissen, im Netz des Teufels gefangen. Aber ich glaube, daß Gott auch da stärker ist, und ich habe die vollkommene Zuversicht, daß das, was wir im Gebet hier auf dieser Erde binden, auch in der geistlichen Welt im Himmel gebunden ist. Nichts kann uns daran hindern, in Japan durch das Gebet den geistlichen Sieg zu erringen! Bitte beten Sie zusammen mit mir um Erweckung in Japan!

Wenn es wahr ist, daß sich unser Glaube, wenn wir zusammen beten, multipliziert (das heißt, wenn einer tausend verjagen kann und zwei zehntausend in die Flucht schlagen), dann stellen Sie sich einmal vor, wie viele

Dämonen wir im Glauben in die Flucht schlagen können, wenn Sie sich mit den 370 000 Gläubigen in Korea zusammentun und dafür beten, daß Satan über der japanischen Nation gebunden wird! In Christus haben wir den Sieg! Amen!

Was kann das gemeinsame Gebet hindern?

Matthäus erzählt eine Geschichte, die deutlich zeigt, was das einzige Hindernis für Glaube und Kraft ist:

»Und es begab sich, als Jesus diese Gleichnisse beendet hatte, ging er davon und kam in seine Vaterstadt und lehrte sie in ihrer Synagoge, so daß sie sich entsetzten und fragten: Wie kommt der zu solcher Weisheit und solchen Taten? Ist er nicht der Sohn des Zimmermanns? Heißen nicht seine Mutter Maria und seine Brüder Jakobus und Josef und Simon und Judas? Und seine Schwestern, sind sie nicht alle bei uns? Woher kommt ihm denn das alles? Und sie nahmen Anstoß an ihm. Jesus aber sprach zu ihnen: Ein Prophet gilt nirgends weniger als in seinem Vaterland und in seinem Hause. Und er tat dort nicht viele Zeichen wegen ihres Unglaubens« (Mt. 13,53-58).

Der Unglaube hielt eine ganze Stadt davon ab, durch den Sohn Gottes, Jesus Christus, Gottes Macht zu sehen. Unglaube ist das Gegenteil von Glaube. Er blockiert den Glauben, so daß dieser nicht wirksam werden kann; der Glaube, der nötig ist, um mit Erfolg zu beten, wird behindert.

Auch die Jünger erlebten, was Unglaube heißt, als sie vergeblich versuchten, Dämonen auszutreiben: »Da traten seine Jünger zu ihm, als sie allein waren, und fragten: Warum konnten wir ihn nicht austreiben? Er aber sagte zu ihnen: Wegen eures Kleinglaubens. Denn wahrlich, ich sage euch: Wenn ihr Glauben habt wie ein Senfkorn, so könnt ihr zu diesem Berge sagen: Rück von hier fort, dorthin! Dann wird er fortrücken; und euch wird nichts unmöglich sein« (Mt. 17,19-20).

Wenn wir Satans Mächten entgegentreten, so darf kein Unglaube vorhanden sein. Wenn man sich zum Gebet zusammenschließt, muß man darauf achten, daß kein Unglaube da ist, denn sonst macht dieser die Kraft des Gebets zunichte.

Die Schrift lehrt uns, daß Abraham darum Kraft empfing, Isaak zu zeugen, weil er nicht zuließ, daß Unglaube sein Herz erfüllte (siehe Röm. 4,20). Paulus sagt auch, daß Israel um seines Unglaubens willen aus dem lebendigen Baum des Glaubens herausgebrochen wurde (Röm. 11,20).

Im Hebräerbrief steht eine ernste Warnung vor Unglauben: »Seht zu, liebe Brüder, daß keiner von euch ein böses, ungläubiges Herz hat, das von dem lebendigen Gott abfällt; sondern ermahnt euch selbst jeden Tag, solange es ›heute‹ heißt, damit keiner von euch durch die Sünde betrogen und verstockt wird. Denn wir haben an Christus Anteil bekommen, wenn wir wirklich die Zuversicht vom Anfang bis zum Ende fest bewahren« (Hebr. 3,12-14).

Der Unglaube schleicht sich mit List in das Herz ein und macht es zu einem bösen Herzen, wie es der Hebräerbrief nennt. So wie der Glaube unserem Gebet Kraft gibt, so zerstört der Unglaube diese Kraft. Er ist wie Krebs, man muß ihn vollständig herausschneiden!

Paulus warnt die Christen in Korinth davor, sich mit Ungläubigen zusammenzuschließen (siehe 2. Kor. 6,14).

Jairus, der Leiter einer Synagoge, bat Jesus, zu kommen und für seine Tochter zu beten. Auf dem Wege zu Jairus' Haus folgte Jesus eine große Menge, die sehen wollte, was geschehen würde. Eine Frau, die ihr ganzes Geld für Ärzte ausgegeben hatte, stürzte sich auf Jesus, konnte aber nur den Saum seines Gewandes berühren. Als sie Jesus berührte, wurde sie von dem Blutfluß, an dem sie seit vielen Jahren litt, geheilt. Als Jesus spürte, daß Kraft von ihm ausging, fragte er: »Wer hat mich berührt?« Markus 5 berichtet, daß Jesus dann sagte: »Meine Tochter, dein Glaube hat dich geheilt« (V. 34). Als er dies gesagt hatte, kam ein Mann, um dem Leiter der Synagoge mitzuteilen, daß dessen Tochter gestorben sei. Jesus antwortete daraufhin: »Fürchte dich nicht, glaube nur« (V. 36).

Die Geschichte erreicht ihren Höhepunkt, als sich Jesus dem Haus nähert, in dem schon die Totenklage für das Mädchen gehalten wird: »Und er ließ niemanden mitgehen als nur Petrus, Jakobus und Johannes, den Bruder des Jakobus. Und sie kamen in das Haus des Vorstehers, und er sah das Gedränge und den Lärm und wie sehr sie weinten und heulten. Er ging hinein und sagte zu ihnen: Was lärmt und weint ihr? Das Kind ist nicht gestorben, sondern es schläft. Doch sie verlachten ihn. Er aber trieb sie alle hinaus und nahm den Vater des Kindes mit sich und die Mutter und die bei ihm waren, und ging hinein, wo das Kind lag« (Mk. 5,37-40).

Wir sehen hier, daß Jesus sehr sorgfältig auswählte, wer ihn zu Jairus' Haus begleiten durfte. Bei der Auferweckung des toten Mädchens wollte er nur die Jünger bei sich haben, die ohne Unglauben waren. Auch den Klageweibern verbot er zu bleiben. Ihr Unglaube hätte ebenfalls den Glauben behindern können, der nötig war, um dieses große Wunder zu vollbringen. Wenn nun Jesus darauf achtete, wem er erlaubte, mit ihm zu beten, sollten wir dann nicht das gleiche tun?

Bei unserem gemeinsamen Gebet ist es darum von äußerster Wichtigkeit, daß wir allem Unglauben verwehren, sich breitzumachen. Bevor wir uns in unserer Kirche zum gemeinsamen Gebet zusammenschließen, bauen wir zuerst durch Bibelstudium und Predigt den Glauben auf. Die Wahrheit treibt den Unglauben aus; Gottes Wort ist die Wahrheit! Gemeinsames Gebet kann durch Unglauben blockiert werden, aber diesem

Unglauben kann im Namen Jesu Christi, des Herrn, der Raum verwiesen werden.

Obwohl Gott uns auch hört, wenn wir alleine beten, ist das gemeinsame Gebet wichtig, besonders wenn wir die Mächte Satans binden.

Teil V

Das machtvolle Gebet gründet sich auf den Bund des Blutes in Christus Jesus

Kapitel 20

Machtvolles Gebet

Wenn wir mit Kraft und Erfolg durch unser Gebet Satans Mächte bekämpfen wollen, so muß sich dieses Gebet auf den Bund des Blutes Jesu Christi gründen! Dieser Bund bietet uns die feste Grundlage, auf der wir unseren Glauben aufbauen können, um dann mit Erfolg zu beten. Es gibt keine andere biblische Grundlage, die uns das nötige Verständnis gäbe, das wir brauchen, um durch Zeiten der Prüfung und des Zweifels hindurchgeleitet zu werden. Unser Verständnis von diesem Bund gründet sich auf das Wort Gottes, die Bibel. Bevor wir verstehen, wie der Bund der Gnade die Grundlage für unser sieghaftes Gebet ist, müssen wir das Wesen des Bundes begreifen.

Was ist ein Bund?

Ein Bund ist ein gemeinsames Abkommen zwischen verschiedenen Personen, speziell zwischen Königen und Herrschern. Abraham schloß einen Bund mit Abimelech (1. Mose 21,27). Josua schloß einen Bund mit Gottes Volk (Jos. 24,25). Jonathan schloß einen Bund mit dem Hause Davids (1. Sam. 20,16). Ahab schloß einen Bund mit Benhadad (1. Kön. 20,34). Unser Verständnis von dem, was ein Bund ist, muß sich also auf biblische Berichte von Verträgen oder Abkommen gründen, an die sich beide Seiten halten mußten.

Gottes Beziehung zum Menschen gründet sich auch auf einen Bund. Gott hat in seinem Handeln mit uns immer konkret ausgesprochen, welche Verpflichtungen die jeweiligen Bundespartner hatten. Dies galt für Gottes Beziehung zu Adam im Garten Eden genauso wie für Gottes Beziehung zur Kirche unter dem Neuen Bund. Wenn wir die Bedingungen der Abmachung erfüllen, die unsere Seite betreffen, dann wird Gott auch die seinen erfüllen. Wenn wir das Abkommen brechen, wird unser Vertragsbruch die entsprechenden und berechtigten Folgen nach sich ziehen. So hat es also in Gottes Bund mit den Menschen immer konkret benannte Parteien und

Grundsätze gegeben, gegenseitige Auflagen oder Verheißungen, und konkrete Bedingungen.

Die Bundespartner

In dem Bund, der durch das Blut Christi geschlossen wurde, in dem Neuen Bund, sind die Bundespartner Gott selbst und die gefallene Menschheit. Der Mensch ist durch die Erbsünde, die Sünde Adams, aus Gottes Gnade und Gunst gefallen. Darum lebt er außerhalb der Gemeinschaft mit seinem Schöpfer und ist in dem Schmutz und Dreck der Sünde verloren. Der Mensch ist nicht ein Sünder, weil er sündigt, sondern er sündigt, weil er im Grunde seines Wesens ein Sünder ist. Aus reiner, grundloser Liebe, die nicht nach Verdienst fragt, sandte Gott seinen eingeborenen Sohn, Jesus Christus, damit dieser die Natur des Menschen annähme. Jesus sollte als Mensch ein vollkommenes, sündloses Leben führen und damit für alle Zeiten zeigen, wie Gott den Menschen ursprünglich geschaffen hat: mit der Fähigkeit, ein Leben ohne Sünde zu führen. Dann erlitt Jesus Christus die Strafe für die Sünde des Menschen, den Tod am Kreuz. Durch den Sühnetod wurde Gottes Zorn Genüge getan und den Menschen Zugang zu Gott geschenkt.

In Gottes Bund mit Israel war Mose die Rolle des Mittlers jenes Bundes übergeben worden. Das hieß, daß Mose die Aufgabe hatte, dem Volk die Bedingungen des Bundes zu erklären. In dem neuen Blutsbund Christi ist Christus selbst der Mittler dieses Bundes. Er hinterließ genaue Bedingungen, denen die Partner des neuen Abkommens folgen sollen. Im Hebräerbrief werden der Alte und der Neue Bund verglichen, und es heißt, der Neue sei der bessere, weil er die Verheißungen enthält, die der Mittler gegeben hat: Gott erfüllt das Wort, der Mensch ist der Empfänger. Wenn man den Bund jedoch genauer betrachtet, stellt man fest, daß er in Wirklichkeit zwischen dem Vater und dem Sohn geschlossen wurde. Der Vater verhieß nämlich dem Sohn ein Erbe und ein Königreich. Dieses Versprechen erfüllte er, als er Christus von den Toten auferweckte.

In Psalm 40, Hebräer 10, Johannes 17,4 und Galater 4,4 offenbart Gott, was von Anfang an sein Ziel mit dem Werk Christi auf der Erde gewesen ist. Diese Verse, so wie viele andere, zeigen ganz klar den ewigen Plan Gottes, das Abkommen zwischen dem Vater und dem Sohn, das die Erlösung zum Ziel hatte.

Was Christus dem Vater versprochen hat

Die Vertragsbedingungen auf der Seite des Sohnes:

1. Er sollte Gott eine ihm angemessene und beständige Wohnung auf Erden bereiten. Das Heiligtum des Mose reichte Gott nicht aus, es war nur ein Schatten von dem, was noch kommen sollte. Auch der Tempel des Salomo und der des Herodes stellten Gott nicht zufrieden. Er sehnte sich nach einem Ort, an dem er beständig wohnen und Gemeinschaft mit seinem Volk haben konnte, damit alle die offenbarte Herrlichkeit sehen und Gott preisen könnten. Jesus Christus sollte in der Kirche diese Wohnung bereiten. Er sollte auch einen Leib schaffen, durch den Gott seine Absichten auf der Erde verwirklichen konnte, und Christus sollte selbst das Haupt dieses Leibes sein. Der Leib würde vollkommen und ohne Makel sein, so wie Adams Leib, als er geschaffen wurde, vollkommen war. Aber der neue Leib würde noch besser sein, weil er aus Millionen von Menschen auf der ganzen Erde bestehen sollte. Und er würde nicht ungehorsam sein, weil der Sohn selbst das Haupt ist.
2. Der Sohn sollte der neuen Familie auf der Erde, der Gemeinde, den Heiligen Geist ohne Maß geben. Der Heilige Geist war in der Vergangenheit immer wieder auf einzelne Menschen gekommen und hatte diese dazu veranlaßt zu weissagen, Wunder zu vollbringen und das Wesen und den Willen Gottes zu offenbaren. Doch die neue Verheißung besagte, daß der Heilige Geist in Fülle gegeben werden solle. Indem der Heilige Geist auf diese Weise der erlösten Menschheit gegeben würde, würde die Kirche genug Gnade haben, um den Willen Gottes auf der Erde zu vollbringen, nicht aus Pflicht, sondern aus eigenem Verlangen. Der Heilige Geist würde auch die Folgen, die die Sünde auf die menschliche Natur hat, umkehren können und den Leib Christi mit Schönheit, Stärke und Heiligkeit schmücken.
3. Dann würde Christus zu seinem Vater zurückkehren und mit ihm auf dem Thron sitzen, um für die einzutreten, die Gottes Willen erfüllen wollen. Schließlich würde, nachdem Satans Kopf bereits zertreten war, dessen Reich vollkommen zerstört und alles Böse von der Erde ausgelöscht werden.

Was der Vater Christus versprochen hat

1. Der Vater versprach, den Sohn von der Macht des Todes zu befreien. Es hatte bereits Menschen gegeben, die von den Toten auferweckt worden waren, aber später mußten sie wieder sterben. Von Adam bis Jesus

war noch nie jemand gestorben und dann auferweckt worden, um ewig zu leben. Indem der Vater den Sohn auferweckte, brachte er ihn nicht nur ins Leben zurück, sondern zerbrach auch die Macht des Todes. Paulus nennt die Macht des Todes die größte Macht, die zerstört werden muß (siehe 1. Kor. 15,26). Durch das Zerstören der Macht des Todes wurde Christus alle Macht im Himmel und auf Erden gegeben.

2. Der Vater versprach, dem Sohn die Fähigkeit zu geben, den Heiligen Geist in Fülle zu verleihen. Durch diese Vollmacht kann der Sohn alle Glieder an seinem Leib ausrüsten, den Willen des Vaters zu vollbringen.
3. Der Vater versprach, alle, die zu Christus kommen, durch den Heiligen Geist zu versiegeln und zu beschützen.
4. Der Vater versprach, dem Sohn ein Erbe zu geben, das aus Menschen aller Nationen der Erde bestehen würde. Er versprach, daß sein Reich in Ewigkeit bestehen würde.
5. Er versprach, dadurch, daß Christus zum Haupt der Gemeinde gesetzt würde, würde diese als sein Leib allen Mächten und Gewalten die ewige und vielfältige Weisheit des Vaters bezeugen. So würde die Schöpfung der Liebe Gottes, die Menschheit, in alle Ewigkeit gerechtfertigt.

Die Bedingung

Der Bund, den der Vater und der Sohn schlossen, enthielt eine Bedingung: der Sohn sollte die Gestalt und das Wesen eines Menschen annehmen, sich den menschlichen Versuchungen aussetzen und dabei nicht auf seine göttliche Natur vertrauen. Er sollte allen Versuchungen in der Kraft des Heiligen Geistes widerstehen und so uns den Weg zeigen, wie auch wir widerstehen können. Christus sollte sich auch dem Tod unterwerfen, selbst dem schmachvollen Tod am Kreuz. Er sollte sein kostbares und sündloses Blut vergießen, damit es für immer die versiegelt, die an ihn glauben.

Christus als der rechtmäßige Bundespartner des ewigen und besseren Neuen Bundes hat alles getan, was er versprochen hat. Er hat die Verheißungen des Vaters empfangen und alle Bedingungen erfüllt. Auf diese Weise hat er uns den Zugang zum Vater geschaffen, und wir können im Gebet zu ihm kommen.

Satan kann nicht mehr zum Vater kommen, um Menschen anzuklagen, wie er es bei Hiob tat:

»Es begab sich aber eines Tages, da die Gottessöhne kamen und vor den Herrn traten, kam auch der Satan unter ihnen. Der Herr aber sprach zu dem Satan: Wo kommst du her? Der Satan antwortete dem Herrn und sprach: Ich habe die Erde hin und her durchzogen. Der Herr sprach zum Satan: Hast du achtgehabt auf meinen Knecht Hiob? Denn es ist seinesgleichen nicht auf Erden, fromm und rechtschaffen, gottesfürchtig und meidet das Böse. Der Satan antwortete dem Herrn und sprach: Meinst du, daß Hiob Gott umsonst fürchtet? Hast du doch ihn, sein Haus und alles, was er hat, ringsumher beschützt. Du hast das Werk seiner Hände gesegnet, und sein Besitz hat sich ausgebreitet im Lande. Aber strecke deine Hand aus und taste alles an, was er hat: was gilt's, er wird dir ins Angesicht absagen! Der Herr sprach zum Satan: Siehe, alles, was er hat, sei in deiner Hand; nur an ihn selbst lege deine Hand nicht. Da ging der Satan hinaus von dem Herrn« (Hiob 1,6-12).

Diese Geschichte offenbart, daß Satan Zugang zum Himmel hatte und sowohl Gott als auch den gerechten Hiob anklagen konnte. Er klagte Gott an, indem er sagte, daß Hiob ihm nur diene, weil Gott ihn segne — Gott sei ungerecht. Er klagte Hiob an, indem er behauptete, Hiob würde Gott verfluchen, wenn ihm sein ganzer Besitz genommen würde. Der Teufel ist und war schon immer der große Ankläger!

Christus, der sah, wie der Teufel vom Himmel fiel (Lk. 10,18), offenbart, was sein Erlösungswerk auch beinhaltet: er hat Satan jeden Zugang zum Himmel versperrt: »Und ich hörte eine mächtige Stimme, die sprach im Himmel: Nun gehört das Heil und die Kraft und die Herrschaft unserm Gott und die Macht seinem Christus; denn der Verkläger unserer Brüder ist hinuntergeworfen worden, der sie Tag und Nacht vor unserm Gott verklagt hat. Sie haben ihn überwunden durch das Blut des Lammes und durch das Wort ihres Zeugnisses und haben nicht an ihrem Leben gehangen, sondern den Tod auf sich genommen« (Offb. 12,10-11).

So hat Satan nun keinen Zugang mehr zu Gott, um dort die Brüder zu verklagen. Satan klagt uns allerdings noch in unseren eigenen Gedanken an. Er sagt uns, daß wir nicht würdig genug sind, um zu beten. Er gibt uns immer wieder Gedanken ein, daß wir nicht das Recht haben, zum Thron der Gnade zu treten, obwohl wir dort in Zeiten der Not Stärke finden. Darum ist es äußerst wichtig, besonders, wenn wir im Gebet den Teufel bekämpfen, daß sich die Kraft unserer Gebete auf den Bund des Blutes gründet, des Blutes, das Jesus Christus vergossen hat. Wir können den Teufel einen Lügner nennen und den Vater der Lüge. Wir können jeden Gedanken überwinden, der nicht von Gott ist. Wir können alle Gedanken binden, die negativ, anklagend und selbstzerstörerisch sind und die versuchen, uns ein negatives Bild von uns selbst einzugeben. Dies können wir, weil Jesus Christus uns das Recht erworben hat, zum Vater zu kommen.

So treten Sie mit Zuversicht zu Gott! Wenn Sie das, was Ihnen rechtmäßig zusteht, nicht in Anspruch nehmen, dann verleugnen Sie das Sühnewerk Christi auf Golgatha! Sie gehören zu der Gruppe der Auserwählten und Freunde Gottes, die zum Thron des Vaters treten dürfen. Der Zugang ist frei, aber er ist teuer erkauft. Er ist frei für Sie, aber Christus hat mit seinem Leben dafür bezahlt, daß Sie diesen Zugang haben können. Wollen Sie nicht das in Anspruch nehmen, was Ihnen in Christus rechtmäßig gehört?

In seinem Kampf gegen uns hat Satan nur eine Waffe: Er versucht uns dahin zu bringen, daß wir das, was uns in Christus rechtmäßig zusteht, verleugnen. Satan kann nur rauben und stehlen. Aber wir kennen unseren Widersacher, und wir lassen uns von seiner List nicht verführen. Wir überwinden weit durch den, der uns geliebt hat! *Amen!*

SCHLUSSFOLGERUNG: SEIEN SIE BEREIT! LASSEN SIE SICH GEBRAUCHEN!

Kürzlich verspürte ich den Drang zu fasten. Obwohl mein Terminkalender voll war und ich viel Kraft brauchte, war die »sanfte, stille« Stimme des Heiligen Geistes nicht zu überhören. Ich ließ das Abendessen mit meiner Familie ausfallen. Am nächsten Morgen nahm ich kein Frühstück zu mir, und auch beim Mittagessen wußte ich, daß ich noch weiterfasten sollte. Morgens mußte ich vor einer Versammlung von Pastoren sprechen, am Nachmittag bei einem Treffen von Geschäftsleuten und am Abend vor unserer Missionsgesellschaft. Körperlich wurde ich hart auf die Probe gestellt; aber in meinem Geist freute ich mich, weil ich wußte, daß Gott mich führte. Mir war klar, daß ich auch am Abend noch fasten sollte. Warum hieß mich der Herr fasten? Ich hatte keine Antwort. Erst am nächsten Morgen erfuhr ich den Grund.

Am folgenden Morgen, während der Gebetszeit, sagte ich dem Herrn: »Lieber Vater im Himmel, ich stehe dir zur Verfügung für alles, was du willst. Ich weiß zwar nicht genau, was du von mir willst, aber ich bin willig und bereit, dir zu gehorchen.«

Als ich mein Büro betrat, wartete dort schon ein Ehepaar aus unserer Gemeinde auf mich. »Pastor Cho«, sagte die Mutter. Ihr Gesicht war besorgt. »Seit gestern abend kann unsere kleine Tochter fast nichts mehr sehen. Wir saßen beim Abendbrot. Als sie nach ihrem Löffel griff, sagte sie uns, daß sie den Löffel nicht mehr sehen kann.« Die Frau griff nach einem Taschentuch, um sich die Tränen abzuwischen, die ihr die Wangen hinunterliefen. Sie fuhr fort: »Dann sagte sie uns, sie könne auch ihre Schuhe und Strümpfe nicht mehr sehen. Wir sind in aller Eile mit ihr ins Krankenhaus gefahren.«

Während ich der Frau zuhörte, wußte ich plötzlich, warum ich fasten sollte. »Was hat der Arzt gesagt?« fragte ich.

»Die Ärzte sagten, ihr Sehnerv sei entzündet und teilweise bereits zerstört. Bei einer weiterer Untersuchung stellten sie fest, daß auch das Nervensystem betroffen ist. Sie wird teilweise gelähmt werden.«

Die Mutter sprach weiter von ihrer Not: »Wir haben wirklich Angst, daß unsere Tochter gelähmt wird und erblindet, ja vielleicht sogar stirbt. Wir sind ganz verzweifelt. Was können wir tun, Pastor Cho?«

Ich erklärte, daß ich für das Mädchen beten und sie dann im Krankenhaus besuchen würde. Ich konnte den Eltern Zuversicht im Glauben geben, weil ich wußte, daß mich der Heilige Geist durch das Fasten und Beten auf diesen Kampf mit Satan vorbereitet hatte.

Als ich am nächsten Morgen im Krankenhaus das Zimmer des Mädchens betrat, wurde mir gesagt, daß sich ihr Zustand über Nacht verbessert habe. Da mein Glaube durch das Fasten aufgebaut war, konnte ich mit großer Kühnheit beten und alle bösen Mächte binden, die versuchten, dieses Gotteskind zu zerstören. Die Ärzte staunten über die schnelle Genesung des Mädchens, die auf das Gebet des Glaubens hin geschah. Heute ist das Mädchen durch die Gnade und das Erbarmen Gottes wieder gesund.

Warum erzähle ich diese Geschichte?

Gott hält Ausschau nach Männern und Frauen, die bereit sind, seine Spezialeinheit im Kampf gegen die Mächte des Teufels zu sein. Der Heilige Geist sucht nach Freiwilligen, die wach und bereit sind, wenn eine Krise auftritt. Ich habe dem Heiligen Geist gesagt, daß ich gerne zu dieser Spezialeinheit der geistlichen Freiwilligen gehören möchte.

Wir stehen an einem entscheidenden Punkt in der Geschichte der Kirche. Der Feind weiß, daß die Zeit kurz ist, und er versucht, jede christliche Familie, Gemeinde und Organisation anzugreifen. Wir sind von Gott dazu berufen, das Salz der Erde zu sein. Werden wir unsere Aufgabe erfüllen — oder werden wir die Zeichen der Zeit ignorieren?

Ich habe Ihnen einige biblische Prinzipien weitergegeben und aus meiner eigenen Erfahrung erzählt, um Sie dazu zu bewegen, sich dem Gebet zu widmen. Es ist noch nicht zu spät, um ein Leben des Gebets zu beginnen. Wenn Sie sich Erweckung wünschen, dann müssen Sie erkennen, daß es keine Abkürzungswege zur Erweckung gibt. Der einzige Schlüssel zur Erweckung ist Gebet. Dies muß jedoch in Ihnen und mir beginnen. Lassen Sie es zu, daß der Heilige Geist Ihr Leben mit dem Streichholz des Glaubens entzündet! Lassen Sie diesen Funken auf Ihre Gemeinde übergreifen, dann wird ein Feuer entstehen, das schließlich Ihre ganze Stadt und Ihr Land entzünden wird. Fangen Sie jetzt an! Wenn nicht jetzt, wann sonst? Wenn nicht Sie, wer sonst? Wenn nicht hier, wo sonst?

Bitte beten Sie mit mir: »Heiliger Geist, erfülle mich jetzt mit deiner Kraft. Entzünde in mir den Wunsch nach einem Leben des Gebets. Öffne mir die Augen, daß ich die Not sehe und freiwillig in deine Gebetsarmee eintrete. Das bitte ich im Namen Jesu Christi, des Herrn. *Amen!*«

Bücher zum Thema Gebet,
die im Projektion J Verlag erschienen sind:

Joni Eareckson-Tada
Dich suche ich
Mein Leben in Lobpreis und Gebet
Gebunden, 160 Seiten, DM 28,00, ISBN 3-925352-70-8

Benny Hinn
Guten Morgen, Heiliger Geist
Gebunden, 192 Seiten, DM 24,80, ISBN 3-925352-67-8

Bill Hybels
Aufbruch zur Stille
Von der Lebenskunst, Zeit für das Gebet zu haben
Paperback, 152 Seiten, DM 22,80, ISBN 3-925352-68-6

Quin Sherrer
Gebet für unsere Kinder
Eine Anleitung für Eltern, Paten und Freunde
Paperback, 112 Seiten, DM 16,80, ISBN 3-925352-46-5

Paul Yonggi Cho
Gebet — Schlüssel zur Erweckung
Wie Sie lernen können, vollmächtig zu beten
Paperback, 160 Seiten, DM 21,80, ISBN 3-925352-10-4

George Mallone
Ziehet an die Waffenrüstung Gottes
Spielregeln für Sieger
Paperback, 192 Seiten, DM 19,80, ISBN 3-925352-69-4

C. Peter Wagner
Das offensive Gebet
Teil 1 einer Trilogie über Gebet
Paperback, 160 Seiten, DM 19,80, ISBN 3-925352-72-4
